Komm mit
NACH
PARIS

Helen Greathead

WILDE TIERE IN PARIS

MEHR ALS DU ERWARTEST

HIGHLIGHTS

ZU TISCH IN PARIS

GEISTERHAFT UND GRAUSIG

PARIS BEI NACHT

RÄUBER & GENDARM

MAGIE IN PARIS

PARIS, C'EST CHIC

IN PARIS FING ALLES AN

IN, AUF UND ÜBER DEM WASSER

ACTION IM UNTERGRUND

PARIS UND DIE KÜNSTLER

PARIS ERSCHNUPPERN

DIE SCHMUSIGSTE STADT DER WELT

HOCH LEBE DER KAISER

SPORT IN PARIS

RATTEN UND ANDERE HELDEN

KÖPFE MÜSSEN ROLLEN

Hi ... wir sind Amelia und Marco und wir schlagen dir 19 geniale Touren vor.

Die Sticker auf dem Stadtplan markieren die Ausgangspunkte. Wir garantieren dir, dass du auf jeder Tour ein paar spannende Geheimnisse der Stadt kennenlernen wirst. Die vielen coolen Fakten werden dich einfach umhauen. Egal, ob du nun ein Schleckermaul, ein Sportfanatiker oder ein Filmexperte bist!

INHALT

SEITENZAHL

MEHR ALS DU ERWARTEST

Paris hat sehr viel mehr zu bieten als nur den Eiffelturm, den Arc de Triomphe und Notre Dame. Diese Stadt ist voller Überraschungen, die nur darauf warten, von dir entdeckt zu werden!

EIN TOLLER PARK
PARC MONCEAU

Diese Grünanlage wurde angelegt, um die Besucher mit einer Grotte, einer kleinen ägyptischen Pyramide, uralten römischen Ruinen, Statuen und anderen Kuriositäten zu überraschen. Die „antiken" Objekte sind aber nicht wirklich alt. Sie wurden 1779 extra für den Park hergestellt – selbst die Gräber sind ein Fake!

ALS DER TOLLKÜHNE PARISER ANDRÉ-JACQUES GARNERIN IM OKTOBER 1797 ALS ERSTER MENSCH MIT EINEM FALLSCHIRM AUS EINEM HEISSLUFTBALLON SPRANG, HIELTEN DIE MENSCHEN IM PARK DEN ATEM AN!

PARC MONCEAU

BRAVO, DAUMEN HOCH!
LE POUCE

Der berühmte französische Bildhauer César Baldaccini hatte ein Faible für Daumen. Und weil er sie so sehr mochte, schuf er aus 18 Tonnen Bronze eine 12 Meter hohe Daumenstatue! Sie ragt mitten in La Défense in die Höhe. Touristen lassen sich mit ihren Winzdaumen gern neben diesem Riesen fotografieren.

„Ich fühle mich so winzig!"

START

LA DÉFENSE

HÄH... DIE FREIHEITSSTATUE?

LADY LIBERTY

1878 KONNTE DER RIESIGE KOPF DER ECHTEN FREIHEITSSTATUE AUF DER WELTAUSSTELLUNG IN PARIS BEWUNDERT WERDEN (DER KÖRPER WAR NOCH IN ARBEIT). GEGEN EINE KLEINE GEBÜHR KONNTEN BESUCHER IN DEN KOPF KLETTERN.

Ist die nicht in New York? Ja, natürlich! Aber Paris hat nicht nur eine Kopie der Lady Liberty, sondern gleich vier! Die berühmteste steht am Eingang des Musée d'Orsay (Foto rechts). Eine originalgroße Nachahmung der Flamme bewacht den Straßentunnel an der Pont de l'Alma. Aber warum sind die Modelle hier in Paris? Die 204 Tonnen schwere Originalstatue aus Kupfer war ein Geschenk Frankreichs an die USA und wurde 1886 von Paris nach New York verschifft.

MUSÉE D'ORSAY

CINÉMA LA PAGODE

FILMPALAST

CINÉMA ÉTOILE PAGODE

Es heißt, dass in Paris mehr Filme gezeigt werden als anderswo in Europa. Aber nicht allzu viele Leute haben je einen Film in einem asiatischen Tempel (Pagode) gesehen. Diese hier wurde in den 1930er-Jahren in ein Kino umgebaut. Monsieur Morin, ein wohlhabender Ladenbesitzer, hatte sie 1895 per Schiff aus Japan hierher transportieren lassen, als Geschenk für seine Frau, die diese Pagode wirklich liebte. Nicht so ihren Mann – den verließ sie nur ein Jahr später!

STRANDLEBEN

PARIS PLAGES

Da Paris über 160 km von der Küste entfernt ist, wird wohl niemand wegen goldener Sandstrände diese Stadt besuchen. Aber jeden Sommer verwandelt sich das Seine-Ufer einen Monat lang in einen Ferientraum namens Paris Plages. Die Straßen werden gesperrt, Sand wird herbeigekarrt und Einheimische sowie Touristen relaxen in Liegestühlen, kühlen sich unter Wasserfontänen ab, schlecken Eis am Stiel in Pop-up-Cafés, spielen und tragen Sandburg-Wettbewerbe aus. Surfen kann man auch, aber nur im Internet – am Strand gibt's WLAN gratis!

Suche: FAKTEN ZU PARIS PLAGES

📍 **1 MONAT**
So lange gibt es den künstlichen Strand.

📍 **2,8 KM**
So lang ist der von Menschenhand geschaffene Strandabschnitt an der Seine.

📍 **5000 TONNEN**
So viel Sand wird herangekarrt.

📍 **4 MIO.**
So viele Besucher kommen jährlich.

UFER DER SEINE

MONTMARTRE

DER NAME CANCAN BEDEUTET EIGENTLICH „SKANDAL". IM 19. JAHRHUNDERT WAREN DIE PARISER VON DEM TANZ SCHOCKIERT UND EMPÖRT. EINIGE TÄNZERINNEN WURDEN SOGAR VERHAFTET, WEIL SIE ZU VIEL BEIN ZEIGTEN!

DIE WINDMÜHLEN VON PARIS

MOULIN ROUGE

In Paris gab es einst über 300 Windmühlen (moulins), mit denen die Pariser Getreide mahlten und Trauben pressten. Heute sind nur noch wenige vorhanden. Die Moulin de la Galette in Montmartre ist fast 500 Jahre alt, arbeitet aber schon lange nicht mehr. Und die berühmteste Pariser Mühle, Moulin Rouge (Rote Windmühle), war sogar nie in Betrieb! Ihre Flügel drehen sich nur, um Gäste in den Cabaret-Club darunter zu locken, in dem junge Frauen in wippenden Röcken die Beine beim Cancan in die Luft werfen.

EINEN DODO REITEN

JARDIN DES PLANTES

Da Dodos schon seit Hunderten von Jahren ausgestorben sind, würde wohl niemand auf den Gedanken kommen, irgendwo auf der Welt auf einem zu reiten ... außer vielleicht in Paris! In einer Ecke des Jardin des Plantes steht ein sehr eigenartiges Karussell. Hier kannst du auf einem Dodo, einer Schildkröte mit Hörnern, einem Beutelwolf (alias Tasmanischer Tiger), einer Rindergiraffe (dem Vorfahren der Giraffe), einem Panda oder einem Gorilla im Kreis herumwirbeln. Richtig geraten! Alle diese Tiere sind ausgestorben oder vom Aussterben bedroht.

MONTMARTRE

WUSSTEST DU DAS?

CLOS MONTMARTRE

Im 17. Jahrhundert waren die Pariser Hügel von Weinreben bedeckt, die dann aber im 18. Jahrhundert durch Schädlingsbefall vernichtet wurden. Heute ist der Clos Montmartre der einzige Weinberg in Paris. Und beinahe gäbe es auch den nicht mehr: In den 1920er-Jahren sollte das Grundstück bebaut werden. Doch ein paar Pariser Künstler hatten einen genialen Einfall, um das zu verhindern. Sie pflanzten dort einfach Weinreben an! Denn weil in Frankreich der Wein äußerst wichtig ist, hat man es verboten, auf einem Weinberg zu bauen!

AM ZWEITEN OKTOBERWOCHENENDE IST WEINLESEFEST. DANN DÜRFEN AUCH GÄSTE TRAUBEN ERNTEN!

1556 M² WEINBERG

1726 WEINSTÖCKE

475 LITER WEIN

950 HALBLITER-FLASCHEN, DIE FÜR SOZIALE PROJEKTE **VERSTEIGERT WERDEN**

IN, AUF UND ÜBER DEM WASSER

Paris verdankt seinen Namen dem keltischen Stamm der Parisii, die sich im 3. Jahrhundert von der breiten, in Schlingen fließenden Seine angezogen fühlten. Die Wasserstraße eignete sich perfekt zum Transport von Waren und Menschen. Paris wuchs auf beiden Seiten der Seine, die mit ihren Schiffen, Ufern und 32 Brücken einige spannende Geschichten auf Lager hat.

GEWAGTE BRÜCKE
PONT ALEXANDRE III

Diese Brücke ist je nach Geschmack die schönste oder die kitschigste aller Pariser Brücken. Ganz sicher ist sie aber die originellste – verschnörkelte Leuchter, Skulpturen antiker Gottheiten, von Engeln, Löwen, geflügelten Pferden ... stehen, sitzen und turnen auf ihr herum. Auf den vier Pfeilern an den Ecken der Brücke ragen vergoldete Figuren 17 m in den Himmel. Sie sind aber nicht nur Show, sie sorgen auch für Stabilität.

NASSE FÜSSE
DER SOLDAT AM PONT DE L'ALMA

Auf einem Podest unterhalb der viel befahrenen Brücke Pont de l'Alma versteckt sich die Statue eines nordafrikanischen Söldners, die an einen Sieg seines Regiments im Krieg erinnert. Heutzutage erfüllt sie allerdings einen anderen Zweck: Wenn das Seinewasser die Füße der Statue erreicht, wissen die Pariser, dass Hochwasser ist. Man stelle sich nur einmal den Alptraum vor, als 2001 das Wasser bis zu seinem Knie stieg! Aber es gab noch Schlimmeres: 1910 stand dem Mann das Wasser bis zum Hals!

„Bitte nicht mehr in das Horn blasen!"

PONT DE L'ALMA

PONT ALEXANDRE III

START

WER IN DIE SEINE SPRINGT, MUSS 15 EURO STRAFE ZAHLEN.

BADEN VERBOTEN!

DIE SEINE

Am Ufer der Seine gibt's zwar jeden Sommer einen Strand (s. Seite 8), aber kein Pariser springt ins kühle Nass – das ist noch verboten! 2024 aber soll die Seine so sauber sein, dass man in ihr baden kann. So wie in dem glühend heißen Sommer des Jahres 1716, als Badende von der Polizei verjagt wurden, weil sie nackt waren! Und bei der ersten und letzten Olympiade mit der Disziplin „Hindernisschwimmen" im Jahr 1900 mussten die Teilnehmer 200 m schwimmen, eine Stange und ein Boot überklettern und unter einem Boot durchtauchen.

SEINE

ETWAS FISCHIG

SEINE

ANGELN IN DER SEINE

Die Pariser waren begeistert, als im Jahr 2009 zum ersten Mal nach über 100 Jahren wieder Atlantische Lachse in großer Zahl – rund 1 000 – durch die Stadt schwammen. Als jedoch ein Seine-Angler 2013 einen südamerikanischen Pacu-Fisch am Haken hatte, hielt sich seine Begeisterung in Grenzen, denn diese Geschöpfe werden bis zu 90 cm lang und haben die fiese Angewohnheit, Männer dorthin zu beißen, wo es wirklich richtig wehtut ... autsch!

11

DIE NEUE BRÜCKE
... IST 400 JAHRE ALT!

PONT NEUF

Im 17. Jahrhundert war der Pont Neuf in Sachen Design eine Sensation. Pont Neuf bedeutet „Neue Brücke", mit über 400 Jahren ist sie aber die älteste Brücke in Paris! 1607 war sie absolut modern. Zu jener Zeit hatte noch kaum jemand von einer Brücke ohne Häuser drauf gehört! Und auch nicht von einer Brücke aus Stein, also einer nicht aus Holz ...

KÖNIGLICHE EINWEIHUNG

Damals war der Bau einer Brücke ein aufregendes Ereignis. Kein Wunder, dass Frankreichs König Heinrich IV. persönlich erschien, um diese neue Verbindung zwischen den Flussufern einzuweihen – auf einem weißen Hengst!

ZU FUSS ÜBER DIE BRÜCKE

Reisende wurden in schicken neuen Pferdekutschen über das neue Bauwerk gefahren. Das „Fußvolk" (den Begriff Fußgänger kannte man noch nicht) nutzte einen getrennten Bereich zum Überqueren der Brücke – der Pont Neuf hatte einen der ersten Gehwege der Welt!

PONT NEUF

12 BOGEN
UND IN DER MITTE DIE ÎLE DE LA CITÉ

232 METER LANG | **22 METER BREIT**

EINE PRISE CHAOS

AUF DER BRÜCKE GAB ES ALLES: THEATERAUFFÜHRUNGEN, MARKTBUDEN, WETTKÄMPFE. ES IST ALSO NICHT VERWUNDER-LICH, DASS ES HIER EINIGE DER WELTWEIT ERSTEN VERKEHRS-STAUS GAB! UND NATÜRLICH BEGEGNETEN SICH HIER ARM UND REICH. ES HIESS ABER, DASS JEMAND, DER DIE BRÜCKE IN SEINEN ELEGANTESTEN KLEIDUNGSSTÜCKEN BETRAT, AUF DER ANDEREN SEITE ANGE-KOMMEN GANZ OHNE KLEIDER DASTEHEN WÜRDE!

EIN KOPF NEBEN DEM ANDEREN

381 Köpfe mit Grusel-Gesichtsaus-druck starren von beiden Seiten des Pont Neuf aufs Wasser. Es sind die Köpfe von Fabelwesen, die böse Geister vertreiben sollen.

DIE VERHÜLLUNG

1985 verwendeten die amerika-nischen Künstler Christo und Jeanne-Claude zum Verhüllen der Brücke

41 800 m² Stoff

13 km Tauwerk

12,1 Tonnen Stahlketten ...

STATUE VON HEINRICH IV.

WACKELNDE BRÜCKE

WATER AT-TRACTION

Von Hüpfburgen hast du natürlich schon gehört, aber von einer Hüpfbrücke? Sicher nicht! 2012 sollten Architekten eine neue Brücke über die Seine entwerfen. Einer der Wettbewerbsteilnehmer schlug eine aufblasbare Trampolinbrücke mit Rutschen an der Seite vor. Leider hat ein nicht ganz so lustiger Entwurf namens Water At-traction gewonnen. Aber auch diese absichtlich instabile Brücke wackelt, wenn man darüber läuft, denn sie hat viele Stahlseile und Federn.

SEINE

BRÜCKE MIT VERGANGENHEIT

PONT NOTRE-DAME

> DIE STEINHÄUSER AUF DEM PONT NOTRE-DAME FAND MAN EINST TRENDY. ES WAREN DIE ERSTEN PARISER WOHNHÄUSER MIT HAUSNUMMERN.

Die erste Brücke – aus Holz – gab es hier schon um 800 vor Christus. Sie wurde von den Römern wieder aufgebaut, von den Wikingern niedergebrannt und dann im 15. Jahrhundert erneut errichtet, diesmal mit 30 Holzhäusern drauf. Durch das Gewicht der Häuser stürzte sie 1499 ein. Ihr Nachfolger wurde aus Stein gebaut, aber auch diese Brücke verursachte so viele Unfälle im Fluss, dass sie ersetzt werden musste.

Der heutige Pont Notre-Dame sieht ein bisschen langweilig aus – seine bewegte Geschichte sieht man ihm näm-lich nicht an!

PONT NOTRE-DAME

AUF EINEN SCHLUCK

CANAL SAINT-MARTIN

Der schöne Canal Saint-Martin ist sonntags ein beliebter Ort für ein Picknick oder einen Spaziergang. Kannst du dir vorstellen, dass diese Wasserstraße ursprünglich gebaut wurde, um Paris sauber zu halten? Als sich mit dem Anstieg der Pariser Bevölkerung im 19. Jahrhundert tödliche Krankheiten wie Cholera und Ruhr ausbreiteten, ordnete Kaiser Napoleon 1802 den Bau des Kanals an, um die Stadt besser mit Trinkwasser zu versorgen.

CANAL
SAINT-MARTIN

DER KAISER FINANZIERTE DIE TRINK-WASSERVERSORGUNG DURCH BESTEUERUNG DES LIEBLINGSGETRÄNKS DER PARISER — WEIN!

SCHWIMMENDES SCHWIMMBAD

PISCINE JOSEPHINE BAKER

In der Piscine Josephine Baker, einem auf der Seine (auf einem Lastkahn) schwimmenden Schwimmbad, können sich Pariser abkühlen. Das Glasdach lässt sich öffnen und schließen, sodass man bei jedem Wetter ins kühle Nass springen kann.

DAS SCHWIMMBAD WURDE NACH JOSEPHINE BAKER BENANNT, DIE DIE PARISER CLUBS IN DEN 1920ER-JAHREN IM STURM EROBERTE. DAS MARKENZEICHEN DER AFRO-AMERIKANISCHEN ENTERTAINERIN WAR EIN KURZES BANANENRÖCKCHEN!

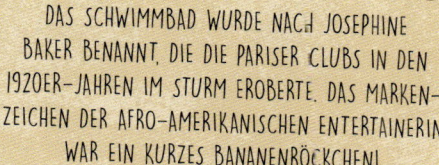

PISCINE
JOSEPHINE BAKER

PARIS ERSCHNUPPERN

Vom Duft der Blumen bis zu frisch gebackenem Brot, von Stinkekäse bis zu miefigen Toiletten – in den Straßen von Paris wabern viele Gerüche. Einige wirst du lieben, andere sind einfach nur eklig!

START

EIFFELTURM

DER EIFFELTURM IM SMOG

LUFTVERSCHMUTZUNG

Der Verkehr ist ein Problem in Paris. Die Luft ist dermaßen verschmutzt, dass der Eiffelturm manchmal hinter einer grauen Wolke verschwindet! Neue Vorschriften besagen, dass Pariser nur jeden zweiten Wochentag mit ihren Autos in der Stadt fahren dürfen. An den anderen Tagen sollen sie aufs Fahrrad oder in ein Elektroauto steigen.

MMH, LECKERER STINKEKÄSE!

ÉPOISSES DE BOURGOGNE

Die Fromagerie Alléosse verkauft zwar nicht alle 400 französischen Käsesorten, aber den Époisses de Bourgogne, einen der stinkigsten überhaupt. Der Époisses reift mehrere Wochen (und stinkt jeden Tag etwas mehr), bevor er mit einem Löffel gegessen wird. Der Käse stinkt dermaßen, dass man ihn nicht mit in öffentliche Verkehrsmittel nehmen darf!

FROMAGERIE ALLÉOSSE

KNOBLAUCH IST GESUND

STARKER KNOBLAUCH

In ganz Paris steigen köstliche Knoblauchdüfte aus Cafés und Restaurants in die Luft. Es waren die Römer, die den Knoblauch mit nach Frankreich brachten. Sie glaubten, dass er den Soldaten Mut machen würde. 1858 gelang dem französischen Wissenschaftler Louis Pasteur in Paris der Beweis, dass Knoblauch vor ansteckenden Krankheiten schützt.

18500 TONNEN
WERDEN JEDES JAHR IN FRANKREICH GEERNTET

GEGEN KNOBLAUCH-ATEM HILFT ES, EINEN APFEL ZU ESSEN ODER GRÜNEN TEE ZU TRINKEN!

ENTSETZLICHE TOILETTEN

PISSOIR

Die Erfindung der „vespasienne", des Pissoirs, im Jahr 1841 muss eine wahre Erleichterung gewesen sein – denn in Paris war das Pinkeln in der Öffentlichkeit lange verboten. Der Name geht auf den römischen Kaiser Vespasian zurück, den Erfinder der kostenpflichtigen Toilette. Die neuen Pissoirs waren auf einer Seite offen, aus Stahl und nur für Männer – sie pinkelten im Stehen – und der Geruch war ... Igitt! Zum Glück gibt es nur noch ein solches Pissoir und das steht auf dem Boulevard Arago.

BOULEVARD ARAGO

PARISER LIEBEN IHRE HÜNDCHEN, ABER NICHT DAS BESEITIGEN VON DEREN HAUFEN. UND OBWOHL DAS LIEGEN-LASSEN BIS ZU 400 € STRAFE KOSTET, TRITT MAN NUR ALLZU OFT IN DIE EKLIGE MASSE.

PEINLICHE GERÜCHE

MUSÉE DU PARFUM

Im 15. Jahrhundert kam Waschen aus der Mode. Man war der Meinung, dass das gefährlich und ungesund sei! Neue Parfüms wurden kreiert, um den Mief zu überdecken. Die Inhaltsstoffe kamen aus dem Süden Frankreichs nach Paris, und die Stadt entwickelte sich schnell zur weltgrößten Parfümmetropole. Im Musée du Parfum Fragonard erfährt man alles über die Geschichte des Parfüms – vom Altertum bis heute!

VIERBEINIGE RASENMÄHER

JARDIN DES TUILERIES

Frisch gemähtes Gras riecht einfach anders, wenn nicht ein Rasenmäher, sondern zwei Ziegen den Job übernehmen. 2012 wurde im Jardin des Tuileries ein Experiment mit Ziegen gestartet. Sie erledigten ihren Job so super, dass jetzt in einigen Pariser Parks Tiere am Gras knabbern. Wie wär's mit „Ich sehe was, was du nicht siehst"? Ich sehe zwei Ziegen im Jardin des Tuileries, zehn Schafe rund um Les Invalides, einen Esel am Flughafen Paris-Charles de Gaulle ...

EIN BETT AUS BROT

BOULANGERIE POILÂNE

Die Boulangerie Poilâne wurde 1932 gegründet. Spezialität der berühmten Pariser Bäckerei ist ein großer, 1,8 kg schwerer Brotlaib aus Sauerteig, der im Holzofen gebacken wird. Sauerteigbrot hält sehr viel länger als das normale französische Brot. 1971 wurde Poilâne von dem Künstler Salvador Dalí gebeten, ihm ein Schlafzimmer aus Brot zu backen – der Kronleuchter hängt heute noch (unangeknabbert) in der Bäckerei.

BOULANGERIE POILÂNE

Suche: FAKTEN ZU BLUMEN IN PARIS

10 000 süßlich duftende Rosenstöcke gibt's im Parc de Bagatelle, einem der botanischen Gärten in Paris.

1808 wurden die ersten Blumen auf dem Marché aux Fleurs Reine Elizabeth II. verkauft.

DUFTKREATIONEN

BULY 1803

BULY 1803

Buly 1803 ist sicher einer der duftendsten Läden in Paris. Er wurde vor über 200 Jahren von Jean-Vincent Bully eröffnet. Sein Parfüm Vinaigre de Bully (Bullys Essig) war im 19. Jahrhundert eine Sensation. In dem Laden fühlt man sich wie in alte Zeiten versetzt. Wer auf der Suche nach einer Haarbürste aus Wildschweinborsten, Emu-Öl oder dem berühmten Duft ist, hat das Ziel seiner Träume erreicht. Und da man hier keine künstlichen Inhaltsstoffe verwendet, ist alles ganz natürlich.

HIGHLIGHTS

Paris ist zum Bersten voll mit schöner alter Architektur, aber es gibt auch aufregende neue Gebäude, die überall in der Stadt wie aus dem Nichts entstehen ... einfach hingehen und staunen!

DAS GEBÄUDE MIT DEM LOCH

GRANDE ARCHE DE LA DÉFENSE

1989 wurde die Grande Arche im Pariser Geschäftsviertel La Défense anlässlich des 200. Jahrestages der Französischen Revolution gebaut. Der riesige, 110 m hohe Würfel mit einem Loch in der Mitte steht an einer langen, schnurgeraden Straße, die zum Arc de Triomphe und weiter bis zum Louvre durch halb Paris führt. Das Loch in der Mitte des Bogens ist so groß, dass die Kathedrale Notre Dame hineinpassen würde!

GRANDE ARCHE DE LA DÉFENSE

START

IST DAS EIN SCHIFF? ODER EIN WAL?

FONDATION LOUIS VUITTON

Nein, es ist die Fondation Louis Vuitton – ein Museum für moderne Kunst, das der Architekt Frank Gehry entworfen hat. Los ging es mit drei Kastenformen für die Galerien und drei Türmen für die Aufzüge und Treppen. Die Galerien im Inneren sind schlicht, aber das Äußere des Gebäudes mit seinen zwölf gewölbten, gläsernen Segeln ist ein Meisterwerk.

STADT MIT STERN

PLACE CHARLES DE GAULLE

Die Place Charles de Gaulle hieß früher Place de l'Étoile (Sternplatz), denn die zwölf auf den Platz zulaufenden Straßen bilden einen Stern mit dem Arc de Triomphe in der Mitte. 1853 beauftragte Kaiser Napoleon III. den Stadtplaner Baron Haussmann, die schmuddeligen Straßen zu sanieren. Haussmann sorgte für Kanalisation, Beleuchtung, breitere Straßen, Trink- und Abwasserkanäle – und vertrieb dabei arme Pariser aus ihren Häusern!

FONDATION LOUIS VUITTON

PLACE CHARLES DE GAULLE

BEVOR HAUSSMANN SICH ANS WERK MACHTE, WAREN DIE STRASSEN DUNKEL, SCHMUTZIG UND STANKEN FÜRCHTERLICH. 17 JAHRE DAUERTE DIE UMGESTALTUNG.

HIMMELWÄRTS

TOUR TRIANGLE

Lange Zeit war es im Zentrum von Paris verboten, Häuser zu bauen, die höher als 37 m sind. 2015 wurde dann aber der Bau eines riesigen dreieckigen Glasturms mit 40 Stockwerken genehmigt. Die Architekten sagen, dass durch das Design nicht allzu viel Schatten auf die umliegenden Gebäude fallen wird. Sie nennen den Turm „vertikale Stadt".

MODELL DES ARCHITEKTEN

TOUR TRIANGLE

DER EIFFELTURM

TOUR EIFFEL

Der kultige Pariser Eiffelturm wurde 1889, 100 Jahre nach der Französischen Revolution, für die Weltausstellung errichtet und sollte danach wieder abgerissen werden. Aber siehe da, er ragt noch immer in den Himmel über Paris. Der „Metallspargel", wie er auch genannt wird, war 41 Jahre lang das höchste Bauwerk der Welt. In Paris gibt es bis heute kein höheres Gebäude.

EIN TURM UND SEINE GEGNER

Heute kann man sich die Skyline von Paris ohne Eiffelturm kaum vorstellen. Als er aber gebaut werden sollte, waren viele Pariser entsetzt über diese Idee. Mehrere bedeutende Künstler verfassten einen scharfen Protestbrief. Sie bezeichneten den Turm als „nutzlos und monströs" und gaben zu bedenken, dass er die wunderschönen Pariser Häuser „erniedrigen" würde. Als der Turm 1889 fertig war, hatten viele von ihnen ihre Meinung aber geändert.

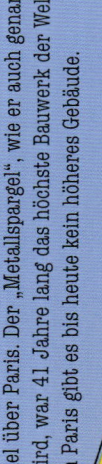

TOUR EIFFEL

NUR EINE RICHTUNG: NACH OBEN!

7:50

2015 WURDE DAS ERSTE RENNEN AUF DEN EIFFELTURM (1665 STUFEN) VERANSTALTET. SIEGER WAR DER POLE PIOTR LOBODZINSKI. ER ERREICHTE DIE SPITZE IN NUR 7 MINUTEN UND 50 SEKUNDEN!

Suche: FAKTEN ZUM EIFFELTURM

📍 **13 CM**
schwankte der Turm während des starken Sturms 1999.

📍 **330 M**
ist der Turm hoch.

📍 **5300**
Zeichnungen und Entwürfe brachten die 50 Ingenieure, die mit Gustave Eiffel zusammen an dem Turm arbeiteten, aufs Papier.

📍 **20 000**
Lichter funkeln jeden Abend immer zur vollen Stunde fünf Minuten lang am Turm.

MALERJOB

Alle sieben Jahre macht sich ein Team von 25 Malern daran, dem Turm einen neuen Anstrich zu verpassen. Der Job dauert etwa 18 Monate, manchmal wird eine völlig neue Farbe aufgetragen: Von Rot über Gelb zu Bronze. Und was kommt als Nächstes? Pink oder Violett?

„Auf ein Neues!"

BEFÜRWORTET VON WISSENSCHAFTLERN

Die meisten Wissenschaftler und Ingenieure waren für den Turm. Von Anfang an unterstrich Gustave Eiffel, der Erbauer des Turms, dessen Bedeutung für die Wissenschaft. Innen in der Stahlkonstruktion errichtete er ein Labor mit allen erdenklichen Gerätschaften, mit denen man Wetter und Sterne beobachten konnte. Als der Turm 1909 abgerissen werden sollte, rettete ihn eine neumodische Antenne auf seiner Spitze – man brauchte sie für die Ausstrahlung von Radioprogrammen.

BUNTE RÖHREN
CENTRE POMPIDOU

Vor der Eröffnung des Centre Pompidou im Jahr 1977 fanden viele, dass es eher wie eine Ölraffinerie und nicht so sehr wie ein Kunstzentrum aussähe – alle Rohre wurden nämlich außen verlegt! Die Farben der Rohre stehen für ihren Zweck: Grün für Flüssigkeiten, Gelb für Elektrizität, Blau für Luft und Rot für Aufzüge und Rolltreppen. Heute besuchen jeden Tag bis zu 25 000 Menschen das Centre Pompidou.

CENTRE POMPIDOU

ZUM REINIGEN DER PYRAMIDENFENSTER SIND WEDER LEITERN NOCH EIMER NÖTIG. ALLE DREI WOCHEN ÜBERNIMMT EIN FERNGESTEUERTER ROBOTER DIESEN JOB!

DIE PARISER PYRAMIDE
DER LOUVRE

In den 1970er-Jahren war der Louvre eine solche Touristenattraktion, dass man der alljährlich 4,5 Mio. Besucher nicht mehr Herr wurde. Der Architekt IM Pei hatte eine Lösung: Den Innenhof des Museums ausgraben und einen neuen Eingang unter einer großen Glaspyramide aus 673 getönten Glasscheiben schaffen. Die Idee kam gut an! Auch wenn die Besucherzahlen auch mal einbrachen, könnten es 2025 bis zu 12 Mio. sein!

LOUVRE

ELEGANT UND QUADRATISCH
PLACE DES VOSGES

Im Mittelalter stand auf der quadratischen Place des Vosges ein Palast und das Volk kam hier zusammen, um blutrünstige Ritterspiele zu schauen. Nachdem jedoch König Heinrich II. dabei von einer Lanze getroffen worden war und qualvoll starb, ließ seine Witwe die Anlage zerstören. Seit Heinrich IV. später für einen Neubau sorgte, umrahmen elegante Häuser aus rotem Ziegelstein und mit blau gedeckten Dächern den vornehmen Platz.

HAUS FÜR BÜCHER
BIBLIOTHÈQUE NATIONALE DE FRANCE

Die vier Türme der französischen Nationalbibliothek stellen je ein aufgeschlagenes Buch dar. Die „Büchertürme" sind 24 Etagen hoch, drinnen sind sie hell und luftig und bieten Platz für bis zu 3 600 Leseratten und Forscher! Rund 14 Mio. Bücher und Datenträger vor allem französischer Herkunft werden hier aufbewahrt, von mittelalterlichen Handschriften über Literaturklassiker bis hin zu Mikrofilmen und CDs.

DIE SCHMUSIGSTE STADT DER WELT?

Schon bei dem Gedanken an Paris bekommt man romantische Gefühle. Und es gibt mit Sicherheit einige wahrhaft romantische Orte in dieser Stadt. Wie heißt es aber so schön: Wahre Liebe verläuft nie reibungslos …

ROMANTISCHSTE ORTE

1) EIFFELTURM
2) PALAIS GARNIER
3) SEINE
4) CANAL ST-MARTIN
5) MUSÉE RODIN
6) LOUVRE
7) JE-T'AIME-MAUER
8) CHÂTEAU DE VERSAILLES
9) PONT DES ARTS
10) MUSÉE DE LA VIE ROMANTIQUE

SCHMUSENDE SKULPTUR

DER KUSS, MUSÉE RODIN

Der Kuss gehört zu den berühmtesten Werken des Bildhauers Auguste Rodin. Gleich nach der Enthüllung der Skulptur im Jahr 1901 wurde sie zu einem Symbol romantischer Liebe. Die Liebenden sind aber Charaktere aus einer Geschichte, und es stellte sich heraus, dass die Frau schon verheiratet war – hoppla! Der Ehemann tötete das sich küssende Paar, das nun dazu verdammt war, für immer und ewig in der Hölle zu schmoren – autsch!

FÜR RODIN WAR *DER KUSS* EINFACH NUR EIN „RIESIGER SCHNICKSCHNACK"!

MUSÉE RODIN

WER HAT DIE HOSEN AN?

MUSÉE DE LA VIE ROMANTIQUE

In diesem romantischen Haus trafen sich die Schriftstellerin George Sand (echter Name: Amantine-Lucile-Aurore Dupin) und der Komponist Frédéric Chopin. Fred hatte sich in George verliebt – obwohl sie Hosen trug und Zigarren rauchte! Ein Raum des Museums ist einem Zimmer in Georges Haus nachempfunden. In einem Schrank liegen für immer vereint Gipsabdrücke von Georges Arm und Freds Hand.

MUSÉE DE LA VIE ROMANTIQUE

JE-T'AIME-MAUER

Suche: ICH-LIEBE-DICH-MAUER

40 M² groß ist die Mauer.

612 Kacheln schmücken die Mauer. Sie sind aus emailliertem Lavastein!

311 mal steht in 250 verschiedenen Sprachen „Ich liebe Dich" auf der Mauer.

ROMANTISCHE WORTE ... AN EINER MAUER

DIE JE-T'AIME-(ICH-LIEBE-DICH-)MAUER

Was da in einer Ecke von Montmartre wie eine riesige Schultafel aussieht ist tatsächlich eine Mauer mit 311 handgemalten „Ich-liebe-Dichs" – ein Kunstwerk! Frédéric Baron. und Claire Kito schufen es, nachdem Frédéric aufgefallen war, dass er „Ich liebe dich" eher in einer fremden Sprache als in seiner Muttersprache Französisch sagen kann.

"ICH HOFFE, DASS ICH ALLE MEINE VALENTINSTAGE AN DEINER SEITE VERBRINGEN WERDE, AUCH WENN DIESE NIEMALS AUSREICHEN WERDEN, UM DIR ZU SAGEN, WIE SEHR ICH DICH LIEBE!"

MAIRIE DE PARIS

MARIE
J'ESPERE VIVRE
TOUTES MES SAINT-
VALENTIN A TES COTES
MEME S'IL N'Y EN
AURA JAMAIS ASSEZ
POUR TE DIRE COMBIEN
JE T'AIME ! F.

SENTIMENTAL
VALENTINSTAG

Die Stadt Paris fordert ihre Bürger jedes Jahr am Valentinstag auf, 160 Buchstaben lange Liebes-Mails zu schreiben – die besten kann man dann an den digitalen Mitteilungstafeln in der ganzen Stadt lesen. Manche posten sogar Heiratsanträge!

HÔTEL DE VILLE

ÜBERALL IN DER STADT!

PONT DES ARTS

KÜSSE AUF DER STRASSE
DER KUSS VORM HÔTEL DE VILLE

Romantik lag in der Luft, als der Fotograf Robert Doisneau 1950 den Auftrag erhielt, küssende Pärchen für das *Life Magazine* zu fotografieren. 1986 wurde ein vor dem Pariser Hôtel de Ville (Rathaus) aufgenommenes Foto als Poster herausgebracht und sofort zum Hit. Die meisten schauen sich das Foto an und denken an Liebe, Doisneau aber dachte an Rechtsstreitigkeiten. Mehrere Leute, die meinten sich auf dem Foto wiederzuerkennen, verlangten enorme Honorare!

155 000 € ERZIELTE FRANÇOISE BORNET, CO-STAR AUF DEM FOTO, DURCH DEN VERKAUF EINES VON IHR UNTERSCHRIEBENEN ABZUGS VON IHREM *DER KUSS*.

KNACKEN DER LIEBESSCHLÖSSER
PONT DES ARTS

Kannst du dir etwas Romantischeres vorstellen, als mit deiner großen Liebe auf dem Pariser Pont des Arts ein Vorhängeschloss anzubringen und den Schlüssel in die Seine zu werfen – als Zeichen für die ewige Liebe? Ein Pärchen fing 2008 damit an, mehr als eine Million Paare folgten ihrem Beispiel. Als 2014 ein Teil des Geländers zusammenbrach, knackten Arbeiter mit Bolzenschneidern die Liebesschlösser ... und das Ganze begann von Neuem.

BRUTAL, ABER SCHÖN

MUSÉE DELACROIX

Eugène Delacroix war einer der bedeutendsten „romantischen" Maler. Daher ist es umso erstaunlicher, dass auf vielen seiner Werke Blut, Tod und Zerstörung zu sehen sind! Romantik bedeutet hier nicht schmusende Pärchen. Die Künstler wollten vielmehr ihre Gefühle erkunden und durch ihre Kunst ausdrücken. Delacroix ist für die französische Kunst so wichtig, dass seine kleine Wohnung in ein Museum umgewandelt wurde.

MUSÉE DELACROIX

140 ZIMMER

2 HISTORISCHE GEBÄUDE

600000 AUSSTELLUNGS-STÜCKE

MUSÉE CARNAVALET

VERRÜCKT NACH MADAME K.

MUSÉE CARNAVALET

Nachdem Madame Kernevenoys Ehemann im 17. Jahrhundert in einem Duell ums Leben gekommen war, zog sie in dieses Haus in der Rue des Francs Bourgeois. Hier, in ihrem Privathaus, hatte sie immer viel Besuch – Madame K. war eine ausgesprochene Schönheit und die Höflinge standen Schlange vor ihrer Tür in der Hoffnung, ihre Gunst zu gewinnen. Da ihr Name schwer auszusprechen war, nannten sie sie „Carnavalet". Das war viel einfacher – und blieb hängen.

KÖPFE MÜSSEN ROLLEN

Im 18. Jahrhundert hatten der König und sein Hofstaat etwas zu viel Spaß daran, das Geld des Landes zu verschwenden, während das gewöhnliche Volk kaum etwas zu essen hatte. Deshalb riefen die kleinen Leute zur Revolution auf und nur kurze Zeit später rollten die ersten Köpfe …

700 ZIMMER

67 TREPPEN

2153 FENSTER

START

RER C Paris ↗

CHÂTEAU DE VERSAILLES

DAS SCHLOSS ALLER SCHLÖSSER

CHÂTEAU DE VERSAILLES

Versailles – von Paris nur eine kurze Zugfahrt (mit RER) entfernt – ist das wahrscheinlich berühmteste Schloss der Welt. 1682 war es ein bescheidenes Jagdschloss. König Ludwig XIV. ließ ein paar Seitenflügel hinzufügen, neue Gebäude errichten und Gärten anlegen. Und schon war ein großes Schloss entstanden, in das er mit seinem Hofstaat – rund 6 000 Personen – einzog. Es kamen immer mehr Extras hinzu, z. B. ein spektakulärer, 75 m langer Spiegelsaal, der auch als Ballsaal genutzt wurde, und im Garten ein 1 500 m langer Kanal, auf dem echte Gondeln aus Venedig schipperten!

TUMULT IM CAFÉ
PALAIS ROYAL

Im 18. Jahrhundert zogen die Geschäfte und Cafés in den Arkaden dieses wunderschönen Palastes die Massen an. Und genau in einem dieser Cafés stieg der Journalist Camille Desmoulins am 12. Juli 1789 auf einen Tisch, wedelte mit seiner Pistole und forderte die Menge auf, zu den Waffen zu greifen und gegen die Reichen zu kämpfen.

"Wir müssen gegen die Armut kämpfen!"

UNTER LUDWIG XVI. WAR FRANKREICH FAST PLEITE. AUFGRUND SCHLECHTER ERNTEN GAB ES NICHT GENÜGEND NAHRUNGSMITTEL. DIE LEUTE WAREN AUFGEBRACHT. BEWAFFNETE BANDEN STREIFTEN DURCH DIE STRASSEN. ES KURSIERTEN GERÜCHTE, DASS DER KÖNIG TRUPPEN GEGEN SIE EINSETZEN WOLLE, WAS SIE NOCH WÜTENDER MACHTE.

PALAIS ROYAL

WÜTENDER MOB
HÔTEL DES INVALIDES

In den 1670er-Jahren hatte Ludwig XIV. dieses Heim für verwundete Soldaten errichten lassen. In den 1790er-Jahren befand sich hier ein Waffenlager der französischen Armee. In dieses drang der von Desmoulins in dem Café augestachelte Mob am 14. Juli 1789 ein und entkam mit 32 000 Schusswaffen! So ausgestattet stürmte man die Bastille.

HÔTEL DES INVALIDES

DER KÖNIG WAR SELTEN ALLEIN. 100 HÖFLINGE SCHAUTEN IHM BEIM WASCHEN UND ANKLEIDEN IN SEINEM SCHLAF-ZIMMER ZU. SELBST DAS AUSZIEHEN DER STIEFEL WAR EINE ZEREMONIE!

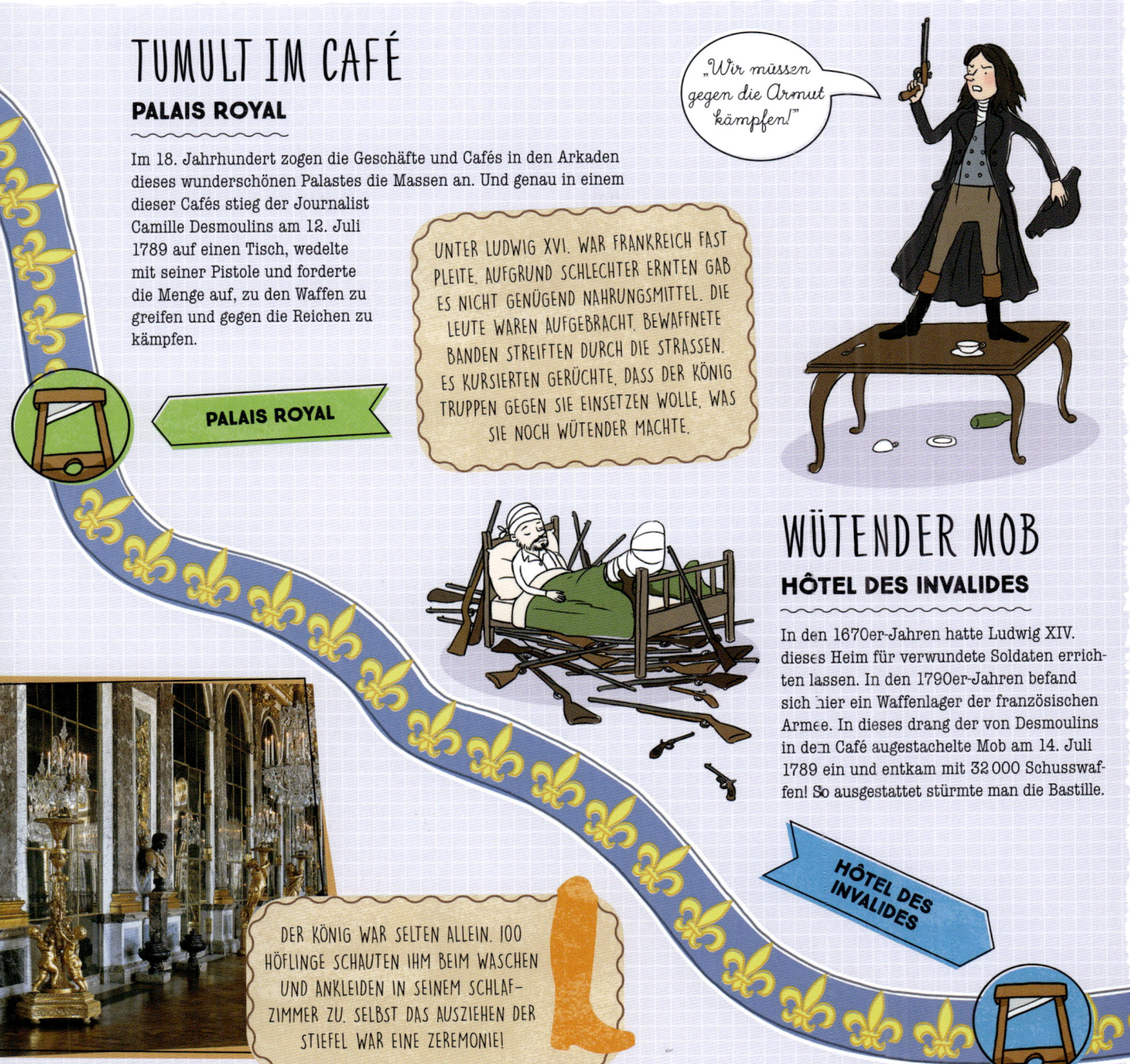

ES LEBE DIE REVOLUTION!

PLACE DE LA BASTILLE

Der 14. Juli 1789 ist wohl das berühmteste Datum in der Geschichte Frankreichs. Es war der Tag, an dem einfache Leute das Bastille-Gefängnis stürmten und so die Französische Revolution auslösten ...

FURCHTERREGENDE FESTUNG

Die Bastille wurde im 14. Jahrhundert errichtet, um Paris vor Frankreichs Erzfeind England zu schützen. Im 17. Jahrhundert wurde sie dann ein Gefängnis, in dem Gefangene auf Befehl des Königs eingesperrt wurden. Wie, ganz ohne Gerichtsverfahren? Ja, einfach so!

LASST DIE GEFANGENEN FREI!

Am Morgen des 14. Juli 1789 wurde die Bastille von Männern, Frauen und Kindern gestürmt. Sie waren mit Flinten, Schwertern und anderen angriffstauglichen Gerätschaften bewaffnet. Ein paar Revolutionäre versuchten, mit den Gefängniswärtern zu verhandeln, dann aber drang die Menge in den Gefängnishof ein und die Wärter eröffneten das Feuer – 100 Aufständische wurden getötet. Die Kämpfe endeten erst, als die Wärter sich ergaben. Schließlich wurden die Gefangenen frei gelassen ... es waren nur sieben!

IN DEM RIESIGEN GEFÄNGNIS SASSEN IM JAHR DURCHSCHNITTLICH 40 GEFANGENE! DEN REVOLUTIONÄREN GING ES NICHT UM DIE GEFANGENEN. SIE WUSSTEN, DASS DORT GEWEHRE UND SCHIESSPULVER AUFBEWAHRT WURDEN – DIE WOLLTEN SIE HABEN.

PLACE DE LA BASTILLE

4 me . ARRt.

PLACE DE LA BASTILLE

32

SPÄTER IM PALAST

Nachdem die Revolutionäre die Macht übernommen hatten, verkauften sie die meisten Paläste des Königs, um vom Erlös dessen Schulden zu bezahlen. Im Oktober 1789 zog der Königshof von Versailles in den Palais des Tuileries. Obwohl alle versuchten, ganz normal weiterzuleben, war der König doch mehr oder weniger ein Gefangener.

E NER DER ERSTEN KÖPFE, DIE DEM WÜTENDEN MOB ZUM OPFER FIELEN, WAR DER VON BERNARD-RENÉ JOURDAN, DEM KOMMANDANTEN DER BASTILLE.

PLACE DE LA BASTILLE

Den Namen „Bastille" kannst du auch heute noch auf Straßenschildern und in der Métro entdecken. Von der alten Festung ist allerdings nicht mehr viel zu sehen. Die riesige Julisäule mitten auf der Place de la Bastille erinnert an eine ganze andere Revolution – an die von 1803!

DIE ACHT TÜRME DER BASTILLE WAREN 30 M HOCH, DER FESTUNGSGRABEN 24 M BREIT.

NATIONALFEIERTAG

DER 14. JULI IST NATIONAL-FEIERTAG. DANN MARSCHIERT IN PARIS DIE BERÜHMTE MILITÄRPARADE ÜBER DIE CHAMPS-ÉLYSÉES. DIE FEUERWEHR ORGANISIERT EINE TRADITIONELLE TANZVERANSTALTUNG MIT SPENDENAKTIONEN UND UM 23 UHR GIBT'S EIN WIRKLICH GRANDIOSES FEUERWERK AM EIFFELTURM.

SANS-CULOTTES

NOBLE HOSE

LANGE HOSEN, BITTE!
SANS-CULOTTES

Männer der wohlhabenden Oberschicht trugen schicke Kniebundhosen aus Seide. Diese „culottes" reichten bis übers Knie. Während der Revolution trugen einige Soldaten lange Hosen und bezeichneten sich selbst als Sans-Culottes (Ohne-Kniebundhosen). Das Tragen langer Hosen bedeutete, dass man der arbeitenden Bevölkerung angehörte.

ÜBERALL IN DER STADT

PLACE DE LA CONCORDE

DIE ERSTEN KÖPFE ROLLEN
PLACE DE LA CONCORDE

König Ludwig wurde wegen Verbrechen am Volk vor Gericht gestellt, für schuldig erklärt und 1793 hingerichtet. 1 200 Reiter begleiteten seine Kutsche zur Place de la Concorde, wo die scharfe Klinge der Guillotine seinen Kopf abtrennte. Ein Wärter hielt diesen danach in die Höhe, damit ihn die jubelnde Menge sehen konnte. Von nun an würde es keine gierigen Könige mehr geben! Heute ist die Place de la Concorde der größte Platz in Paris. Dort, wo einst die Guillotine errichtet war, steht jetzt ein großer pinkfarbener Obelisk.

Suche: FAKTEN ZUR GUILLOTINE

1791 Ein schmerzloser Tod für Arm und Reich: Die Hinrichtung durch die Guillotine!

1793-94 „Terrorherrschaft": Die Guillotine war oft im Einsatz, 1 343 Köpfe fielen!

1790ER Kinder liebten die Guillotine zum Spielen, sie trennten die Köpfe ihrer Puppen und sogar die von lebenden Ratten ab!

Vive la Convention Nationale qui par Son energie et Surveillance a delivré la République de Ses Tyrans.

Execution de Robespierre et de Ses Complices Conspir[...]

GEMEINER ROBESPIERRE

PLACE DE LA CONCORDE

Maximilien Robespierre, der Mann mit dem beeindruckenden Namen, verurteilte in der Zeit der „Terrorherrschaft" Tausende Menschen zum Tode. Er glaubte, dass sich das Leben aller verbessern würde, wenn es keine Feinde der Revolution mehr gäbe! Sein Plan ging aber nicht auf, 1794 starb auch er durch die Guillotine.

VOR DER REVOLUTION WAR ROBESPIERRE ANWALT. ER SETZTE SICH FÜR DIE RECHTE DER ARMEN EIN UND WAR URSPRÜNGLICH GEGEN DIE TODESSTRAFE!

PLACE DE LA CONCORDE

LA CONCIERGERIE

PASSEND FÜR EINE KÖNIGIN

LA CONCIERGERIE

Tausende Feinde der Revolution wurden während der „Terrorherrschaft" ohne Gerichtsurteil ins Gefängnis gesteckt und hingerichtet. 2 000 Gefangene saßen in der Conciergerie, einem riesigen, mittelalterlichen Palast. Viele starben schon vor ihrer Hinrichtung an den entsetzlichen Zuständen, die in dem Gefängnis herrschten. Marie Antoinette, die Gattin des Königs, erhielt eine Sonderbehandlung. Die Revolutionsführer wollten nicht, dass sie starb, bevor die Guillotine sie enthaupten konnte!

EIN BERG ALTER KNOCHEN

BASILIQUE SAINT-DENIS

Jahrhundertelang wurden die Könige Frankreichs in der Basilique Saint-Denis in einem Vorort im Norden von Paris beigesetzt. Nachdem Ludwig XVI. und Marie Antoinette enthauptet worden waren, wurden ihre Leichen in ein Massengrab geworfen. 1815 gruben Anhänger der Monarchie ihre sterblichen Überreste aus und setzten sie in der Basilika bei. Es geht aber das Gerücht um, dass damals nur ein Berg anonymer Knochen und das morsche Strumpfband einer Frau begraben wurden!

BASILIQUE SAINT-DENIS

35

HOCH LEBE DER KAISER

Zur Zeit der Französischen Revolution wurde Frankreich von anderen europäischen Ländern bedroht, weil sie fürchteten, dass das Revolutionsfieber zu ihnen überspringen könnte. Doch dann kam Napoleon und führte sein Land von Sieg zu Sieg. Auf einem Spaziergang durch die Geschichte erfährst du, wie der kleine Korse Frankreichs erster Kaiser wurde.

START

NICHT GERADE SPITZE

ÉCOLE-MILITAIRE

Napoleon wurde 1769 auf der Insel Korsika geboren und mit 15 Jahren auf die Militärschule (École militaire) geschickt. Dort lernte er mit Waffen umzugehen und zu reiten (Geschichte und Geografie brachte er sich später selbst bei; auch fing er an, die Taktiken großer Könige und Generäle zu studieren). Mit 16 machte er seinen Abschluss als Leutnant, aber niemand erwartete viel von ihm – er war der 42. von 58 Schülern!

10 000
SOLDATEN KONNTEN AUF DEM CHAMP DE MARS ANTRETEN

(Das Feld vor der Militärschule, im 18. Jahrhundert)

ÉCOLE-MILITAIRE

DER WEG NACH OBEN

JARDIN DES TUILERIES

Napoleon bewährte sich auf dem Schlachtfeld und wurde mit nur 24 Jahren Brigadegeneral. Nach weiteren erfolgreichen Feldzügen ernannte er sich 1799 selbst zum Ersten Konsul und war somit mehr oder weniger für ganz Frankreich verantwortlich! Er führte Gesetze ein, die auch Ziele der Revolution wie Freiheit und Gleichheit berücksichtigten. Zu seiner Residenz machte er den Palais des Tuileries, das einstige Stadtschloss. Heute kann man nur noch den Jardin des Tuileries bewundern.

JARDIN DES TUILERIES

AUF IMMER UND EWIG?

PLACE VENDÔME

Napoleon verliebte sich ganz wahnsinnig in eine ältere Frau. Joséphine war vorher schon verheiratet gewesen und hatte zwei Kinder, aber das interessierte ihn nicht – er brauchte eine Frau mit Geld. Die beiden heirateten 1796 auf der Place Vendôme. Die Bronzesäule in der Mitte des Platzes wurde ein paar Jahre später errichtet. Sie wurde aus erbeuteten Kanonen gegossen und erinnert an einen der glorreichen Siege Napoleons. Als Römer gekleidet thront er stolz oben auf der Säulenspitze.

PLACE VENDÔME

CATHÉDRALE DE NOTRE-DAME

WER IST DER BOSS?

CATHÉDRALE DE NOTRE-DAME

1804 fand Napoleon, dass es an der Zeit sei, sich zum Kaiser krönen zu lassen. Er buchte die Kathedrale Notre-Dame und ließ den Papst kommen. Wohl, um allen klar zu machen, wer das Sagen hatte, kam er am Krönungstag zu spät. Und anstatt den Papst die Krönung vollziehen zu lassen, setzte er selbst sich und dann Joséphine die Krone auf den Kopf. Die Zeremonie dauerte über fünf Stunden!

190 PERSONEN

sind auf dem 6 x 10 m großen Gemälde zu sehen, das Napoleon für seine eigene Krönung in Auftrag gegeben hatte. Es hängt im Louvre.

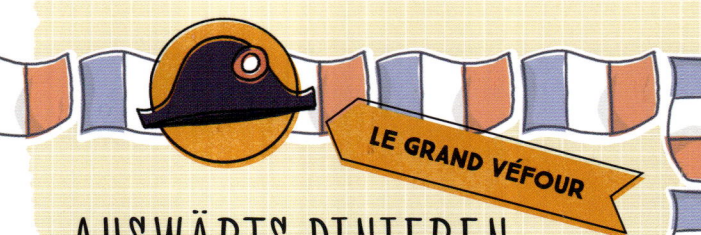

AUSWÄRTS DINIEREN

LE GRAND VÉFOUR

Dieses klassische Restaurant gibt es seit Urzeiten – hier haben schon Napoleon und Joséphine gespeist! Anders als Napoleon war Joséphine in der Pariser Gesellschaft gut vernetzt und konnte so wesentlich zu seiner Akzeptanz bei den „oberen Zehntausend" beitragen. Leider fand Joséphine ihren Napoleon nicht ganz so toll wie er sie. Sie beklagte sich darüber, dass er keinen Sinn für Humor hätte und dass seine Stiefel stinken würden. Aber sie war ebenso ehrgeizig wie er und genoss es, Kaiserin von Frankreich zu sein.

> JOSÉPHINES ERSTER EHEMANN WURDE 1789 HINGERICHTET. AUCH IHR KOPF WÄRE GEROLLT, WENN ES NICHT KURZ VOR IHRER HINRICHTUNG EINEN MACHTWECHSEL GEGEBEN HÄTTE.

„Ich behalte meinen Palast!"

TOD UND SCHEIDUNG

CHÂTEAU DE MALMAISON

Als Napoleon verstanden hatte, dass Joséphine nicht schwanger werden würde, ließ er sich von ihr scheiden, um eine andere Frau zu heiraten. Er wollte einen Erben für sein immer größer werdendes Reich. Joséphine war wütend. Glücklicherweise hatte sie sich schon dieses traumhafte Schloss gekauft, sie stand also nicht auf der Straße. Das Schloss ist noch immer im Stil der 1800er-Jahre eingerichtet. Napoleons Räume sind öffentlich zugänglich, genauso wie das noble Schlafzimmer, in dem Joséphine 1814 starb.

AUSGEBOOTET

CHÂTEAU DE FONTAINEBLEAU

Napoleons Landsitz ist weit weg von Paris. Er ließ das Schloss renovieren und gestaltete eines der Schlafzimmer als Thronsaal. Seine Krone und seinen Thron kannst du dir heute noch anschauen. Joséphines Räume wurden umgestaltet, als seine neue Frau, Marie-Louise, 1810 hier einzog. Marie-Louise war Österreicherin und mit Marie-Antoinette verwandt. Sie heiratete Napoleon nur ihrem Land zuliebe. Hierher flüchtete sich Napoleon, nachdem er 1814 als Kaiser abgesetzt worden war, hier dankte er wenig später auch – vorläufig – ab.

ARC DE TRIOMPHE

CHÂTEAU DE FONTAINEBLEAU

TRIUMPH IST ANDERS

ARC DE TRIOMPHE

1806 begann der Bau des Arc de Triomphe, fertiggestellt wurde der Bogen aber erst 1836. Sehr zum Leidwesen Napoleons, der im März 1815 ein politisches Comeback gefeiert hatte, verbündeten sich Frankreichs Feinde gegen ihn. Im gleichen Jahr verlor er die Schlacht bei Waterloo – und den Rest seines Ansehens. Er wurde auf die Insel St. Helena verbannt, wo er 1821 starb. 1840 wurde sein Leichnam in Ehren nach Paris überführt – im Sarg durchfuhr Napoleon den Bogen doch noch.

Suche: FAKTEN ZU NAPOLEONS HÜTEN

📍 **120**
Zweispitze benutzte Napoleon in seiner militärischen Laufbahn. Er trug ihn absichtlich falsch rum, denn so konnten ihn seine Männer auf dem Schlachtfeld besser erkennen.

📍 **19**
Zweispitze können in den Museen auf der ganzen Welt bewundert werden.

📍 **2,4 MIO. US$**
wurden 2014 auf einer Versteigerung für nur einen Hut von Napoleon gezahlt.

SPORT IN PARIS

Ob Tennis, Fußball, Basketball oder Boule, das Lieblingsspiel der Franzosen – Paris ist ein Sport-Mekka. Diese schnelle Tour führt zu vielen Sportstätten der Stadt.

DIE BLAU-ROTEN

PARC DES PRINCES

„Allez Paris Saint-Germain" heißt es in diesem Stadion, wenn ein Heimspiel der Pariser Spitzenmannschaft ansteht. Am lautesten sind die Fangesänge, wenn Paris Saint-Germain (PSG) im „Derby de France" gegen Olympique Marseille spielt und alle 48 500 Plätze im Stadion besetzt sind.

START

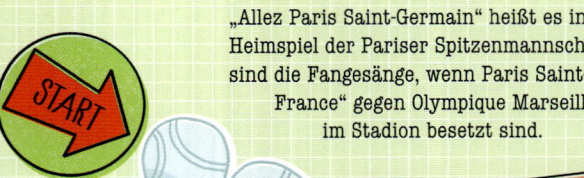

PARC DES PRINCES

STADE ROLAND GARROS

LUST AUF TENNIS?

STADE ROLAND GARROS

Tennis stammt aus Frankreich und wurde dort schon im Mittelalter von Mönchen gespielt. Sie benutzten einen Stoffball, den sie mit der flachen Hand schlugen. Das schwappte auf den königlichen Hof über, wurde zur Sucht und deshalb von der Kirche verboten!

Jedes Jahr im Mai besuchen 400 000 Menschen das Pariser Stadion Roland Garros, wo die French Open stattfinden. Sollte das Spiel langweilig sein, gibt's im Tennismuseum etwas Abwechslung.

RENÉ LACOSTE, AUCH „KROKODIL" GENANNT, WAR IN DEN 1920ER-JAHREN EIN MEGASTAR. ER ENTWARF DAS ALLERERSTE POLOHEMD – ZU ERKENNEN AN DEM KROKODIL-LOGO!

EIN WAHNSINNS– MARATHON

MARATHON DE PARIS

Für jeden, der fit ist, ist der Pariser Marathon genau das Richtige, um die Stadt kennenzulernen. Der Lauf beginnt am Arc de Triomphe und führt vorbei am Louvre, am Eiffelturm und vielen anderen berühmten Sehenswürdigkeiten. Das Ziel ist in der Avenue Foch.

DER ALLERERSTE MODERNE MARATHON FAND 1896 IN ATHEN STATT. AN IHM NAHMEN 17 LÄUFER TEIL, DARUNTER 13 GRIECHEN.

MARATHON DE PARIS

Suche: FAKTEN ZUM PARIS-MARATHON

📍 **42,2 KM**
lang ist die Strecke.

📍 **57 000**
Menschen liefen 2016 beim Marathon mit.

📍 **140**
Nationalitäten nahmen teil.

📍 **200 000**
Besucher kamen.

TOUR DE FRANCE

DIE JAGD NACH DEM GELBEN TRIKOT!

TOUR DE FRANCE

Die Tour de France begann als Werbegag eines Journalisten, um den Verkauf seiner Zeitschrift anzukurbeln. Die Strecke ist in jedem Jahr eine andere – Startpunkt kann sogar in einem anderen Land sein! Normalerweise dauert das Radrennen, bei dem die Fahrer rund 3 500 km zurücklegen, drei Wochen und endet in Paris auf der Avenue des Champs-Élysées. Es gibt Sieger in verschiedenen Kategorien, sie tragen Trikots unterschiedlicher Farben. Gelb trägt der Radler mit der kürzesten Gesamtzeit.

SKATEFIEBER

MONTPARNASSE

Freitagabends, um 22 Uhr, passiert Eigenartiges
im Viertel Montparnasse: Der Autoverkehr kommt
zum Erliegen, und eine Gruppe von bis zu 3 500
Inline-Skatern rauscht durch die breiten, ebenen
Straßen. Die Skater legen in drei Stunden rund
30 km zurück. Teilnehmen kann jeder, der mithalten
kann!

> IN FRANKREICH BRAUCHEN ALLE, DIE AN
> SPORTWETTKÄMPFEN TEILNEHMEN WOLLEN, EINE
> ÄRZTLICHE TAUGLICHKEITSBESCHEINIGUNG.

MONTPARNASSE

**ARÈNES
DE LUTÈCE**

> ANFANG DER 1900ER-JAHRE WAREN
> DIE BOULES AUS HARTHOLZ, MIT
> NÄGELN RUNDHERUM.

BOULE – EIN
COOLES SPIEL

ARÈNES DE LUTÈCE

Einst kämpften Gladiatoren in dieser römischen Arena um
ihr Leben. Heute eignet sich der Kiesboden perfekt für ein
cooleres, ruhigeres Spiel: Boule. Überall in Paris trifft man
Menschen, die an ebenen, schattigen Orten Boule spielen.
Zuerst wird ein kleiner Holzball, die Zielkugel, über den Boden
gerollt. Dann versuchen die Spieler, ihre „Boule" (Metallkugel)
möglichst nah an die Zielkugel zu werfen. Der Spieler, dessen
Boule am dichtesten bei ihr liegt, hat gewonnen.

„Alle schön hinter-einander".

ÜBERALL IN DER STADT!

UCJG/YMCA

LAUFEN WIE DIE WILDEN
PARKOUR

Du willst es Spider-Man gleichtun? Dann ist Parkour das Richtige für dich. Diese Sportart geht zurück auf französisches Militärtraining und wurde in den 1980er-Jahren von zwei Parisern – Vater und Sohn – erfunden. Sie wollten in einem Wettkampf schnellstmöglich in der Stadt von A nach B gelangen – über Stock und Stein, Mauern, Dächer usw. Das Internet machte es dann zum Renner.

„Ohje ... bloß nicht runter-gucken!"

DIE PARKOUR-ERFINDER WURDEN IN DEN 1990ER-JAHREN BERÜHMT. SIE SPIELTEN BEIDE IN FILMEN MIT – EINER BEKAM SOGAR EINE ROLLE IN DEM JAMES-BOND-FILM *CASINO ROYALE*.

SPORTGESCHICHTE
UCJG/YMCA, RUE TRÉVISE

Der älteste Basketballplatz der Welt befindet sich im Keller einer Pariser Jugendherberge! Basketball wurde 1891 in einem College in den USA erfunden. Damals benutzten die Schüler zwei Obstkisten und einen Fußball. Einer der Lehrer nahm Körbe und einen Ball mit, als er 1893 nach Paris kam. Er baute das Kellergeschoss des UCJG so um, dass man darin spielen konnte. Den Platz in den USA gibt es nicht mehr, den in Paris schon (natürlich mit richtigen Körben!).

OLYMPISCHE SPIELE

STADE DE FRANCE, SAINT-DENIS

DER NEUGRÜNDER

Es ist einem Pariser zu verdanken, dass die ersten modernen Olympischen Spiele 1896 in Athen stattfanden. Baron Pierre de Coubertin war so sportbesessen, dass er viele Jahre (und fast sein ganzes Vermögen) opferte, um die alten Spiele wieder aufleben zu lassen. Nach seinem Tod 1937 wurde sein Herz im alten Olympia in Griechenland beigesetzt.

3089

ATHLETEN KAMEN 1924 ZU DEN SPIELEN IN PARIS

UND ZWAR AUS 44 LÄNDERN

KEIN GROSSES EVENT

DIE 2. OLYMPISCHEN SPIELE FANDEN 1900 IN PARIS STATT. SIE KAMEN OHNE ERÖFFNUNGS- FEIER UND OLYMPISCHES FEUER AUS. ERSTMALS WAREN FRAUEN ZUGELASSEN — 22 SPORTLERINNEN MISCHTEN SICH UNTER 975 MÄNNER. UNTER ANDEREM GAB ES DIE DISZIPLINEN KROCKET, TAUZIEHEN, SEILKLETTERN UND TAUBENSCHIESSEN (LEBENDIGE NATÜRLICH). DIE FRANZOSEN GEWANNEN VIELE MEDAILLEN — IN EINIGEN DISZIPLINEN TRATEN ALLERDINGS AUCH NUR FRANZOSEN AN!

ERIC LIDDELL GEWINNT 1924 GOLD IM 400-M-LAUF

JOHNNY WEISSMÜLLER

STARS IN SPORT UND FILM

1924 zogen die Schwimmwettkämpfe die Massen an. Der US-Amerikaner Johnny Weissmüller gewann drei Gold- und eine Bronzemedaille – für einige ist er bis heute der weltbeste Schwimmer. Später wurde er Filmstar in *Tarzan, der Affenmensch*. Eric Liddell und Harold Abrahams gewannen über 400 m bzw. 100 m Gold für Großbritannien, von ihnen erzählt der Film *Die Stunde des Siegers*.

HAROLD ABRAHAMS GEWINNT 1924 GOLD IM 100-M-LAUF

PARIS · 1924

VIIIᵉ OLYMPIADE

Jean Droit

JEUX OLYMPIQUES

DIE SPIELE GEHEN MIT DER ZEIT

Bei den Olympischen Spiele im Jahr 1924 in Paris gab es erstmals ein olympisches Dorf – eine Ansammlung von Holzhütten mit einem Laden und einem Friseursalon. Abgesehen von den Briten, die das französische Essen nicht mochten und deshalb ihren eigenen Koch mitgebracht hatten, bekamen die Athleten pro Tag drei Gratismahlzeiten.

DAS MOTTO DER OLYMPISCHEN SPIELE „SCHNELLER, HÖHER, WEITER" WURDE ZUM ERSTEN MAL 1924 BENUTZT — DAMALS IN DER LATEINISCHEN VARIANTE: „CITIUS, ALTIUS, FORTIUS".

ERFOLG DES JAHRHUNDERTS

Die Hoffnung von Paris hat sich erfüll: Es ist Austragungsort der Olympischen Spiele 2024 – genau 100 Jahre nachdem sie letztmals hier abgehalten wurden! Vom 26. Juli bis zum 11. August treten die Athleten an der Seine gegeneinander an.

ZU TISCH IN PARIS

Man kann es nicht leugnen: Die Pariser sind stolz auf ihr Essen – wahrscheinlich, weil es so köstlich ist! Wie wär's mit einer heißen Schokolade und einem Croissant zum Frühstück oder einem Pain au Chocolat am Nachmittag? Klingt lecker, aber es gibt auch ein paar französische Gerichte, die deinen Geschmack vielleicht nicht ganz treffen ...

€4000

Suche: FAKTEN ZUM BAGUETTE

📍 **1200**
Bäckereien gibt es in der Stadt.

📍 **10 MRD.**
Baguettes werden in Frankreich jedes Jahr gebacken! Ein Gesetz sagt, dass diese Brotstangen nur aus Mehl, Hefe, Wasser und Salz hergestellt werden dürfen.

📍 **250–300 G**
wiegt ein Baguette im Durchschnitt.

📍 **65 CM**
lang ist ein Baguette im Durchschnitt.

TÄGLICHES BROT

BOULANGERIE FRÉDÉRIC COMYN

Der explodierende Brotpreis war unter anderem schuld an der Französischen Revolution. Alljährlich wird in Paris ein Wettbewerb veranstaltet, um herauszufinden, wer der beste Baguette-Bäcker ist. 2022 gewann Damien Dedun, ein Bäcker in der Boulangerie Frédéric Comyn, 4000 € und darf ein Jahr lang das Brot für den französischen Präsidenten backen.

LE GRENIER À PAIN

ROGER LA GRENOUILLE

START

URALTE DELIKATESSEN

ROGER LA GRENOUILLE

Schon im 10. Jahrhundert aßen die Franzosen Froschschenkel (*Cuisses de Grenouille*). Die Mönche etwa, die an bestimmten Wochentagen kein Fleisch essen, wichen darauf aus – „richtiges Fleisch" konnte das ja nicht sein. Da französische Frösche heute geschützt sind, werden die, die auf Pariser Teller gelangen, zumeist lebend aus Asien eingeflogen. Das Bistro Roger La Grenouille serviert seit über 70 Jahren Froschschenkel. Sie werden auf indische oder Thai-Art mit Curry oder mit provenzalischer Sauce zubereitet.

INNEREIEN

MOISSONNIER

Andouillette ist eine Wurstsorte, die aus dem Magen von Schweinen, Kühen oder Enten hergestellt wird. Die echte Andouillette ist länglich, die Pelle ist aus Darm. Experten sagen, dass eine richtig gute Andouillette ein ganz klein wenig nach Pups riechen sollte! Andouillette wird gern im Restaurant Moissonnier verspeist. Dort kannst du die berühmte Wurst gekocht oder gebraten probieren.

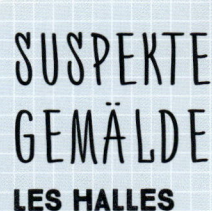

MOISSONNIER

DAS RESTAURANT AU PIED DE COCHON IST NOCH IMMER DORT, WO EINST DER MARKT WAR. ES IST DER PERFEKTE ORT, UM SCHWEINSFÜSSE, –SCHWÄNZE, –OHREN UND –NASEN ZU PROBIEREN!

LES HALLES

SUSPEKTE GEMÄLDE

LES HALLES

Der Schriftsteller Émile Zola nannte Les Halles „Der Bauch von Paris". Aber warum? Weil dieser riesige historische Markt bis 1971 ganz Paris mit Lebensmitteln versorgte. Die Händler verkauften tagsüber Gemüse und abends Fleisch und Fisch.

In den 1950er-Jahren war der Künstler Nonda, der mit Kuhblut und Holzkohle malte, oft auf dem Markt. Er bat die Händler, ihm Fisch zu geben, den er malte – und dann aß!

„Er muss schnell trocknen!"

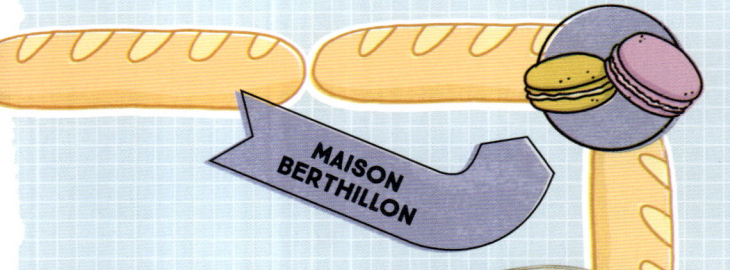

MAISON BERTHILLON

DIE BESTE EISCREME

MAISON BERTHILLON

Touristen aus aller Welt besuchen die berühmteste Eisdiele der Stadt. Jeden Tag werden etwa 1 000 Liter Eiscreme aus frischen Zutaten wie Vollmilch, Eiern, Zucker, Sahne und natürlichen Aromastoffen wie Maronen, Lavendel und sogar Backpflaumen hergestellt!

PARISER SPEISELOKALE

BRASSERIE BOFINGER

Riesige Teller mit Meeresfrüchten, herzhafte Eintöpfe und Apfeltartes – das sind die traditionellen Gerichte, die in Pariser Brasserien, also Gaststätten, in denen es nicht allzu formell zugeht, auf den Tisch kommen. Oft ist auch die Einrichtung toll. Die Brasserie Bofinger etwa mit ihren tollen Spiegeln, Kronleuchtern und Polstersitzen ist eine Augenweide und heute eins der schönsten Restaurants in Paris.

BRASSERIE BOFINGER

ÜBERRASCHUNGSSTEAK

AUX DEUX AMIS

Hier solltest du unbedingt *Tartare de Cheval* probieren. Fein gehacktes Steakfleisch wird mit Zwiebeln, Kapern, Anchovis und Petersilie gewürzt, dann mit Senf und Ketchup vermischt und mit einem winzigen gekochten Wachtelei obendrauf serviert. Klingt lecker, oder? Oh, pardon, das Fleisch kommt roh daher, außerdem ist es auch nicht vom Rind. „Cheval" heißt Pferd!

AUX DEUX AMIS

ZUM SCHNECKENESSEN, BENUTZT DU EINE ZANGE (MIT DER DAS GEHÄUSE GEHALTEN WIRD) UND EINE GABEL MIT ZWEI ZINKEN (MIT DER DIE SCHNECKE RAUSGEZOGEN WIRD). DIE SCHNECKE STECKST DU DIR DANN GANZ IN DEN MUND!

ÜBERALL IN DER STADT!

SCHNECKEN FÜR ANFÄNGER

ESCARGOTS

Schnecken (*escargots*) sind in Frankreich eine Vorspeise. Sie werden mit Kräuterbutter zubereitet und dann gebacken. In Frankreich gibt es nur noch ca. 300 Schneckenbauern. Um sicherzustellen, dass frische Schnecken wirklich gut schmecken, werden sie eine Woche lang mit Mehl und Wasser gefüttert, dann müssen sie drei Tage hungern, ehe sie zubereitet werden.

30 000 TONNEN

SCHNECKEN WERDEN IN FRANKREICH JÄHRLICH GEGESSEN

ACTION IM UNTERGRUND

Unter den Füßen der Pariser gibt's noch eine zweite, völlig andere Stadt. Sie ist voll von unterirdischen Tunneln, Kanälen, Rohren, Krypten und Kellern. Auch rattert dort unten die Métro jeden Tag 19 Stunden lang. Sie ist eine der meistbenutzten U-Bahnen der Welt. Also nichts wie rein in das unterirdische Abenteuer!

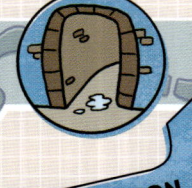

MÉTRO-STATION ABBESSES

START

PRACHT-EXEMPLAR

ABBESSES

Mit 36 m unter der Erde ist die Métro-Station Abbesses die tiefste und auch eine der schönsten. Der Eingang im eleganten Jugendstil (Art nouveau), der vor 100 Jahren total hip war, ist heute noch der wohl am häufigsten fotografierte.

NASE ZUHALTEN

MUSÉE DES ÉGOUTS DE PARIS

Ein Besuch der Kanalisation ist nicht jedermanns Sache. Die in Paris allerdings ist schon seit 1867 ein beliebtes Ziel. Damals zeigten die Stadtplaner voller Stolz ihr grandioses Tunnelsystem. Man inspizierte die Kanalisation in speziellen Wagen, die über den Kanälen schwebten. Heute besucht man erst ein Museum und spaziert dann zu Fuß durch die Tunnel, in denen es aber weit weniger stinkt als erwartet.

MUSÉE DES ÉGOUTS DE PARIS

Suche: FAKTEN ZUR METRO

📍 **1,5 MRD.**
Menschen fahren jedes Jahr mit der Métro.

📍 **965 606 KM**
legen die Züge täglich auf den 219 km langen Gleisen zurück (das ist 24-mal um die Erde!).

📍 **308**
Stationen gibt es.

"Hey, wo sind denn alle hin?"

WIE IN EINEM U-BOOT

ARTS ET MÉTIERS

Auf dem Bahnsteig der Métro-Station Arts-et-Métiers der Linie 11 fühlt man sich eher unter Wasser als unter der Erde. Genietete Kupferwände, Bullaugen und mächtige Industrie-Räder an der Decke vermitteln das Gefühl, in einem U-Boot zu sitzen. Und genau das wollte der Künstler!

GEISTERBAHNHOF

SAINT-MARTIN

Schon vor Jahren hielt der letzte Zug an der Station Saint-Martin, die Gleise wurden zuzementiert. Der verlassene Geisterbahnhof wurde als Obdachlosenunterkunft und auch für einen Autowerbefilm benutzt.

Züge werden wohl nie wieder durch den Bahnhof fahren. Geht es nach den Plänen von Architekten, könnte hier ein Nachtclub, ein unterirdischer Garten oder auch ein langes, schmales Schwimmbad entstehen!

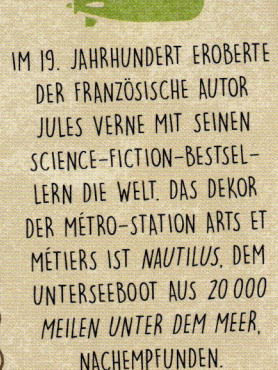

IM 19. JAHRHUNDERT EROBERTE DER FRANZÖSISCHE AUTOR JULES VERNE MIT SEINEN SCIENCE-FICTION-BESTSELLERN DIE WELT. DAS DEKOR DER MÉTRO-STATION ARTS ET MÉTIERS IST *NAUTILUS*, DEM UNTERSEEBOOT AUS *20 000 MEILEN UNTER DEM MEER*, NACHEMPFUNDEN.

51

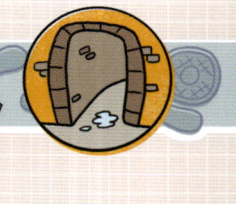

UNTERIRDISCHE GESCHICHTE

PLACE DU PARVIS NOTRE DAME

Die Kathedrale Notre Dame ist ja nun wirklich schon alt (die Bauarbeiten begannen 1163), aber auf dem Platz davor versteckt sich noch viel Älteres. Von der römischen Siedlung, die es einst hier gab, sind noch ein Steinbad und Reste einer Fußbodenheizung zu sehen. Die Häuser, die dann dicht gedrängt auf dem Platz standen, wurden im 18. Jahrhundert zugunsten eines Waisenhauses abgerissen, das heute ebenfalls eine unterirdische Ruine ist. An all diesen Überbleibseln kann man die faszinierende Geschichte der Stadt ablesen.

> **2200 M²**
> MISST DIE KRYPTA IN NOTRE DAME.
>
> Sie ist eine der größten archäologischen Krypten (Gruften) Europas.

KUPPELKUGELN

PALAIS-ROYAL - MUSÉE DU LOUVRE

Das ist wohl der skurrilste Métro-Eingang in Paris. Der „Kiosk der Nachtbummler" besteht aus zwei gigantischen, glitzernden kronenförmigen Kuppeln über dem Eingang. Die Alu-Konstruktion ist übersät mit 800 bunten Glaskugeln.

UND WAS IST MIT DEN HELDINNEN?

LE PANTHÉON

Das Panthéon, im 18. Jahrhundert als Kirche gebaut, wurde nach der Revolution zur letzten Ruhestätte französischer Helden. Ihre sterblichen Überreste wurden in der großen Krypta beigesetzt. Bedeutende Schriftsteller wie Émile Zola und Victor Hugo ruhen hier neben großen Politikern, Denkern und Wissenschaftlern ... Alles Männer! 1995 erwies man diese Ehre auch einer Frau, als die Asche der Nobelpreisträger Marie und Pierre Curie hierher gebracht wurde.

DIE GEBEINE DER GROSSEN DENKER DES 18. JAHRHUNDERTS, ROUSSEAU UND VOLTAIRE, LIEGEN IN DER KRYPTA EINANDER FRIEDLICH GEGENÜBER. ZU LEBZEITEN HABEN SICH DIE BEIDEN WIE WAHNSINNIG GEHASST.

GEHEIME SCHÄTZE

LA TOUR D'ARGENT

Das Restaurant La Tour d'Argent (Der Silberturm) im 6. Stock mag ja berühmt sein, viel interessanter ist aber der Keller, in dem 450 000 wohltemperierte Wein- und Spirituosenflaschen lagern. Einige der Flaschen stammen aus dem 18. Jahrhundert!

Als die Deutschen im Zweiten Weltkrieg Paris besetzt hielten, erzwangen sie, dass das Restaurant ausschließlich für sie geöffnet wurde – den Weinkeller entdeckten sie aber nicht. Der Besitzer mauerte die Tür zu, als er hörte, dass sie im Anmarsch waren.

„Hey Marie, willkommen in der Krypta."

SKELETTE
IM KELLER

DIE KATAKOMBEN

In den Kalksteintunneln 20 m unter Paris liegen die Skelette von 6 bis 7 Millionen Parisern. Wenn du Lust hast, kannst du 2 km der insgesamt 300 km erkunden. An Tickets für die Gräbertour ist aber nur schwer ranzukommen, und die meisten Tunnel sind absolute No-Go-Areas. Das hindert einige Entdeckungslustige aber nicht daran, sich heimlich hinunterzuschleichen und einen Blick in die Tunnel zu werfen.

JEDE MENGE ALTE KNOCHEN

Die Skelette wurden ab 1786 in die Katakomben verlegt, weil die Pariser Friedhöfe total überfüllt waren. Das war ein langjähriges Projekt – Arbeiter transportierten die Knochen haufenweise auf Schubkarren! Hier liegen die Gebeine von Berühmtheiten und Opfern der Revolution, darunter viele, die unter der Guillotine starben. Man wird aber nie erfahren, welcher Knochen wem gehört, denn es gibt kein einziges Namensschild.

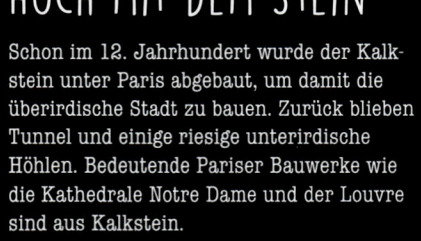

DIE TEMPERATUR
IN DEN TUNNELN
BETRÄGT DAS
GANZE JAHR ÜBER
14°C

UNTER PARIS
LIEGEN 3-MAL MEHR
TOTE PARISER, ALS HEUTE
IN DER STADT LEBEN UND
AUF IHNEN HERUMLAUFEN!

HOCH MIT DEM STEIN

Schon im 12. Jahrhundert wurde der Kalkstein unter Paris abgebaut, um damit die überirdische Stadt zu bauen. Zurück blieben Tunnel und einige riesige unterirdische Höhlen. Bedeutende Pariser Bauwerke wie die Kathedrale Notre Dame und der Louvre sind aus Kalkstein.

IN DEN KATAKOMBEN GIBT'S WEDER RATTEN NOCH UNGEZIEFER. DENN AN DEN KNOCHEN IST NICHTS ZUM KNABBERN DRAN!

VORSICHT IM DUNKELN!

Nach mehreren Steinabgängen rief der König 1777 eine Behörde ins Leben, die für die Sicherheit in den Katakomben sorgen sollte. Noch heute kümmert sie sich darum, dass lose Teile abgestützt und gefährliche Wege abgesperrt werden. Auch wenn schon Tunnel eingestürzt sind – die größte Gefahr besteht wohl darin, dass man sich in der Dunkelheit verirrt!

DIE TRICKS DER CATA-LEUTE

CATAPHILE SIND MENSCHEN, DIE SICH HEIMLICH IN D'E KATAKOMBEN SCHLEICHEN.

CATAFLICS SIND POLIZISTEN, DIE DIE CATAPHILEN DARAN HINDERN SOLLEN.

IM SCHUTZ DER DUNKELHEIT ÖFFNEN CATAPHILE GEHEIME EINGÄNGE, KRIECHEN Z. B. DURCH KANALDECKEL ODER TIEFGARAGEN IN DIE KATAKOMBEN UND ERKUNDEN SIE ANHAND VON KARTEN ODER VERANSTALTEN GAR DINNER-PARTYS. 2004 HABEN DIE CATAFLICS SOGAR EIN GEHEIMES KINO DORT UNTEN ENTDECKT!

PARIS, C'EST CHIC

Im 17. Jahrhundert trug Ludwig XIV. (der Sonnenkönig) unverschämt dicke Perücken – niemand sollte sehen, dass er immer mehr Haare verlor. Von seinem Hofstaat erwartete er das Gleiche. Das ist nur einer der Wege, auf denen die Mode nach Paris kam. Mit all den Spitzendesignern und superschicken Boutiquen ist Paris auch heute noch die Königin der Mode.

HAUTE COUTURE HEISST WÖRTLICH „GEHOBENE SCHNEIDEREI" UND BESCHREIBT MODE, DIE VON MODELS AUF LAUFSTEGEN GEZEIGT WIRD – NICHT DIE NORMALEN KLAMOTTEN, DIE WIR TRAGEN.

START

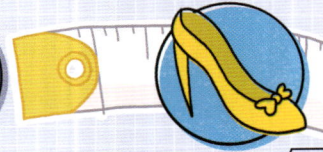

PALAIS GALLIERA

VERRÜCKT NACH MODE

PALAIS GALLIERA

Das Modemuseum ist rappelvoll mit Kleidungsstücken aus vielen Epochen, z. B. 200 Jahre alte Unterwäsche! Allein in dieser Abteilung gibt's 2 500 Exponate – BHs, Reifröcke (die den Popo dicker erscheinen lassen), Korsetts, Petticoats, Strümpfe, Unterhosen ... Und das alles in den verschiedensten Formen.

EMANZIPIERTE DAMEN

FONDATION PIERRE BERGÉ-YVES SAINT LAURENT

In den 1960ern schuf Yves Saint Laurent „Kleidung für die moderne Frau". Wagemutig zog er Frauen ähnlich wie Männer an. Ihm ist es zu verdanken, dass Frauen Overalls, Hosenanzüge, Trenchcoats und Safarijacken tragen. Das von ihm 1965 entworfene Strickbrautkleid war allerdings nicht ganz so bequem. Die Fondation präsentiert 40 Jahre Modegeschichte anhand von 5 000 Kleidungsstücken.

FONDATION PIERRE BERGÉ-YVES SAINT LAURENT

SCHAUFENSTERBUMMEL

TRIANGLE D'OR

Drei Pariser Straßen bilden das Goldene Modedreieck (Triangle d'Or). Kaufsüchtige drehen beim Anblick der neuesten Entwürfe der großen Modehäuser fast durch. Kaum einer kann es sich aber leisten, hier etwas zu kaufen. Schaufensterbummel heißt auf Französisch *„lèche-vitrines"* – Schaufenster ablecken!

2500

Personen sahen sich in den 1950er-Jahren die neuen Kollektionen von Dior an. Die Shows dauerten 2,5 Stunden, es wurden bis zu 200 Modelle gezeigt.

ALLE LIEBEN DIOR

LA MAISON DIOR

In der Avenue Montaigne Nr. 30 steht das Maison Dior. Hier zeigte Christian Dior 1947 seine allererste Kollektion. Nach dem im Zweiten Weltkrieg verordneten sackförmigen Einheitslook brachten Diors Kleider frischen Wind in die Modewelt. Seine neuen Entwürfe waren „an die Konturen des weiblichen Körpers angepasst" und unterstrichen Taille, Hüfte und Busen. Diors sogenannter New Look war eine Revolution in der Modewelt.

LA MAISON DIOR

GRAND PALAIS

DER TRADITIONELLE FRANZÖSISCHE SEE-MANNSPULLI HAT 21 STREIFEN – FÜR JEDEN SIEG NAPOLEONS EINEN. DURCH SIE SOLLTEN DIE SEELEUTE LEICHTER ZU ERKENNEN SEIN, FALLS SIE INS WASSER FIELEN!

EIN ENGLÄNDER IN PARIS
HOUSE OF WORTH

Der Engländer Charles Worth lebte Mitte des 19. Jahrhunderts in Frankreich und arbeitete sich vom Textilverkäufer hoch zum Kleiderdesigner der Kaiserin Eugénie. Reiche Amerikaner kamen über den Atlantik nach Paris, um sich im House of Worth von oben bis unten neu einzukleiden. Nicht selten hieß das: Sie kauften diverse Kleider für vormittags, nachmittags und abends. Oh, was für glückliche Damen!

HOUSE OF WORTH

MÄNNERRÖCKE UND STREIFEN
GRAND PALAIS

Der Modeschöpfer Jean-Paul Gaultier ist in Paris aufgewachsen. Gaultier war schon immer anders, er entwarf Röcke für Männer und Unterwäsche, die man als normale Kleidung tragen kann. Er sagt, dass ihn der Teddy aus seiner Kindheit, seine Oma mit ihren Korsetts und geringelte Seemannshemden stark beeinflusst hätten. Gaultier entwarf streifige Designs für Männer- und Frauenmode – und für Parfümflaschen.

TOLLE ALTE KLAMOTTEN

DIDIER LUDOT

Was passiert mit Designer-Kleidern, wenn sie nicht mehr modern sind? Dann kriegt sie Didier Ludot. Die gebrauchten Designer-Stücke verkauft er in seiner berühmten Boutique am Jardin du Palais Royal. Didier hat jede Menge „Kleine Schwarze" wie das, das Coco Chanel in den 1920er-Jahren berühmt machte. Frag aber lieber nicht nach dem Preis! Selbst die Second-Hand-Klamotten sind hier ziemlich teuer!

€?

€?

LES DOCKS

DIDIER LUDOT

KROKODIL-LOOK

LES DOCKS — CITÉ DE LA MODE ET DU DESIGN

Diese Location wird kurz einfach nur „Les Docks" genannt. Das Ganze ähnelt einem riesigen grünen Krokodil und ist mit nichts zu vergleichen. Genau wie die Mode, die im Inneren auf den Laufstegen gezeigt wird. 2012 fand hier die Paris Ethical Fashion Show statt, auf der Kleider aus recyceltem Filmmaterial und Tops aus alten Flaschen vorgeführt wurden.

BIS ZU DEN 1920ER-JAHREN TRUGEN FRAUEN NUR SCHWARZ, WENN JEMAND GESTORBEN WAR. DAHER LÖSTE DAS KLEINE SCHWARZE, DAS COCO CHANEL FÜR JEDEN ANLASS ENTWARF, EINE MODE-REVOLUTION AUS.

„Hier wird tolle Mode gezeigt."

WILDE TIERE IN PARIS

Selbst im Herzen der Stadt tauchen wilde Tiere plötzlich an den unmöglichsten Stellen auf. Augen auf beim Spaziergang durch Straßen, Parks, Zoos, Häuser und über Friedhöfe!

POMPONS POLARBÄR

MUSÉE D'ORSAY

Dieser wunderschöne Polarbär würde gut in einen Film der modernen Pixar Studios passen. Tatsächlich ist er fast 100 Jahre alt! François Pompon arbeitete zunächst als Assistent von Auguste Rodin – dem wohl größten Pariser Bildhauer. Als er 1922 mit quicklebendigen 67 Jahren seinen Polarbären enthüllte, fand auch er selbst als Bildhauer Anerkennung.

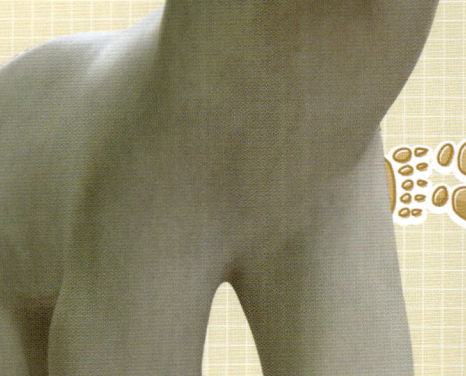

START

DER PARISER IMKER AUDRIC DE CAMPEAU ZÜCHTET AUF DEM DACH DES MUSÉE D'ORSAY BIENEN. SEINE GLÄSER MIT BIENENHONIG WERDEN IM MUSEUMSLADEN VERKAUFT!

MUSÉE D'ORSAY

LE CIMETIÈRE DES CHIENS

HUNDEFRIEDHOF

LE CIMETIÈRE DES CHIENS

Genau genommen ist der Cimetière des Chiens ein Friedhof für Hunde, aber auch andere Tiere sind hier begraben – Katzen, Pferde, Schafe, Kaninchen, Fische und sogar ein Affe. Barry, ein Bernhardiner, ist der Held des Friedhofs. Er soll 41 Verletzte von einem Schlachtfeld gezogen haben und dann vor lauter Erschöpfung umgekippt sein.

KUSCHELTIERE
DEYROLLE

Wo findet man einen Löwen, einen Bären und ein Zebra, die glücklich und zufrieden nebeneinander sitzen? Bei Deyrolle, natürlich! Hier werden seit 1831 Tiere gehäutet und ausgestopft (Tierkörperpräparation). Damals brachten Jäger ihre Beute hierher und ließen ihre Trophäen in Schmuckstücke fürs Wohnzimmer verwandeln. Den Laden und seine Tierchen konnte man schon in Filmen bewundern, und Künstler und Schriftsteller kommen nicht selten hierher, um sich inspirieren zu lassen.

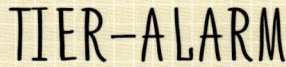

TIER-ALARM
RUE DES BLANCS MANTEAUX

In der Rue des Blancs Manteaux ist eine Löwin auf Beutezug! Nein, nicht wirklich, es ist ein Kunstwerk! Die Fotografin, die es hier angebracht hat, nennt sich Sophie. Früher stellte sie in Galerien aus, wich dann aber auf die Straße aus, wo die Begegnung mit ihren Werken unerwartet und daher intensiver ist. In einer Nebenstraße gibt's einen Vogel Strauß, auf einem Briefkasten einen Pinguin zu entdecken – und das ist nicht alles ...

DEYROLLE

RUE DES BLANCS MANTEAUX

CATHÉDRALE DE NOTRE DAME

AUS STEIN GEHAUEN
CATHÉDRALE DE NOTRE DAME

Furchterregende Kreaturen lauern oben auf der Kathedrale Notre Dame. Aber keine Angst, sie beißen nicht, sie sind aus Stein. Früher dachte man, dass sie nachts lebendig würden und zum Schutz der Bewohner durch die Stadt geisterten. Einige dieser Geschöpfe hatten aber auch noch den Job des Wasserspeiers. In ihren Kehlen verborgene Rohre leiteten das Regenwasser an den Dächern ab, um das Mauerwerk zu schützen.

PARIS BEKOMMT EINEN ZOO

MÉNAGERIE DU JARDIN DES PLANTES

Nach der Revolution beschloss man 1793, den Reichen ihre exotischen Haustiere abzunehmen und sie hierher zu bringen. Sie sollten getötet, ausgestopft und ausgestellt werden – alles im Namen der Wissenschaft! Die Tiere kamen wirklich in den Jardin des Plantes, wurden aber nicht ausgestopft. Besucher durften in den Park kommen (natürlich nicht in die Gehege), und schon war der erste Zoo in Paris – der zweite weltweit – geboren.

EIN ZOOWÄRTER MIT GROSSEM NAMEN

Jacques-Henri Bernardin de Saint-Pierre gründete 1794 die Ménagerie du Jardin des Plantes. Der überzeugte Vegetarier war seiner Zeit weit voraus. Er war der Meinung, dass die Tiere im Zoo in ihrer natürlichen Umgebung leben sollten, Menschen sollten sie kostenlos bewundern dürfen.

IM 18. JAHRHUNDERT WAR ES FÜR KÖNIGLICHE FAMILIEN STANDARD, EXOTISCHE TIERE ZU HALTEN. ZU ZEITEN LUDWIGS XVI. LEBTEN IN DEM TIERGEHEGE IN VERSAILLES EIN LÖWE, EIN PANTHER, EIN TIGER, HYÄNEN UND AFFEN.

MÉNAGERIE DU JARDIN DES PLANTES

GIRAFFENWAHN

DIE PARISER SAHEN IHRE ERSTE GIRAFFE IN DEN 1820ER-JAHREN, ALS ZARAFA DURCH DIE STADT STOLZIERTE. SIE WAR EIN GESCHENK FÜR DEN KÖNIG UND LIEF DIE GANZE STRECKE VON IHREM HEIMATLAND SUDAN BIS NACH PARIS. DIE PARISER LIEBTEN SIE ÜBER ALLES, SIE SCHRIEBEN LIEDER UND GEDICHTE ÜBER SIE, DIE PARISERINNEN ERFANDEN SOGAR EINE GIRAFFEN-FRISUR! IRGENDWANN HATTE DER HYPE DANN ABER EIN ENDE UND ZARAFA LEBTE BIS ZU IHREM TOD IM JAHR 1845 IM JARDIN DES PLANTES.

KNALLBONBONS

1870 war Paris von preußischen Truppen umzingelt, was zu einem enormen Mangel an Lebensmitteln führte. Die Pariser waren gezwungen, ihre Tiere zu essen. Selbst die Tiere im Zoo blieben nicht verschont. Der Pariser Koch Alexandre Étienne Choron bereitete ein äußerst seltsames, nie dagewesenes Weihnachtsessen: einen Eselskopf gefüllt mit Sardinen, gebratenes Kamelfleisch, Känguru-Eintopf und Elefantensuppe.

DIE ATTRAKTION

1972 traf ein Orang-Utan-Weibchen namens Nenette aus Borneo im Jardin des Plantes ein. Damals war sie erst zwei Jahre alt. 2010 war der Regisseur Nicolas Philibert von Nenette und den Leuten, die stehen blieben und sie beobachteten, so fasziniert, dass er einen Film über sie drehte. Er ist nur 15 Minuten lang. Die Dreharbeiten nahmen aber viel Zeit in Anspruch, denn mal posierte Nenette vor der Kamera, dann wieder ließ sie sich stundenlang nicht blicken!

NENETTE

Suche: FAKTEN ZUM PARISER ZOO

32 Säugetiere gab's 1794 im Jardin.

74 verschiedene Vogelarten gibt's derzeit.

ÜBER 5000 KM legte die Giraffe Zarafa vom Sudan bis nach Paris zurück.

60 000 Pariser besuchten Zarafa in nur drei Wochen!

RATTEN IM FLUSS

PARC MONTSOURIS

In dem friedlichen Parc Montsouris kannst du frische Luft atmen und mit Glück Vögeln wie Turmfalken und Eisvögeln begegnen. Der Name des Parks bedeutet eigentlich „Mäusehügel" und spielt auf die Ratten an, die sich früher hier tummelten. Sie fühlten sich von der in der Nähe fließenden Bièvre angezogen. Das Wasser dieses Flusses war dermaßen verschmutzt, dass er schließlich zubetoniert und in die Pariser Kanalisation umgeleitet wurde.

PARC MONSOURIS

EIN GANZ NEUER ZOO

PARC ZOOLOGIQUE DE PARIS

PARC ZOOLOGIQUE DE PARIS

Als der Pariser Zoologische Garten im Bois de Vincennes 2014 seine Tore wieder öffnete, war er – weltweit einmalig – völlig neu gebaut worden. Die Tiere leben jetzt in fünf Bereichen, deren Gestaltung ihrem natürlichen Lebensraum sehr nahe kommt. Giraffen leben Seite an Seite mit Straußen, Zebras mit Nashörnern – Löwen haben aber noch immer ihr eigenes Gehege! Gegen einen Aufpreis kann man mit Giraffen zusammen frühstücken.

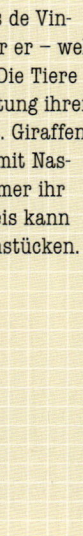

VERRÜCKT NACH ANATOMIE

MUSÉE FRAGONARD D'ALFORT

In der ältesten tierärztlichen Hochschule der Welt befindet sich ein Museum, das die Arbeiten von Honoré Fragonard, dem ersten Direktor der Schule, zeigt. Hier kannst du dir missgestaltete Kreaturen anschauen – ein Fohlen mit einem riesigen Auge, ein Schaf mit zehn Beinen und ein perfekt konserviertes Pferd ohne Haut ... brrr!

Fragonard war davon besessen, Tiere zu konservieren – tatsächlich sind die von ihm bearbeiteten Tierkörper bis heute perfekt erhalten. Das liegt wohl an seinem Geheimrezept: Dem Lack, den er benutzte, fügte er eine Prise Insektenschutzmittel hinzu.

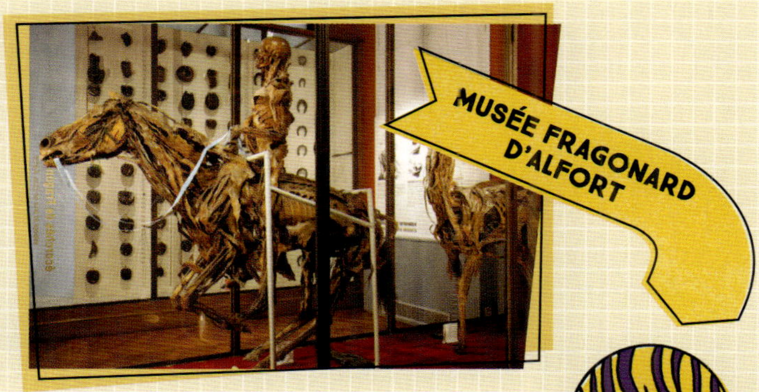

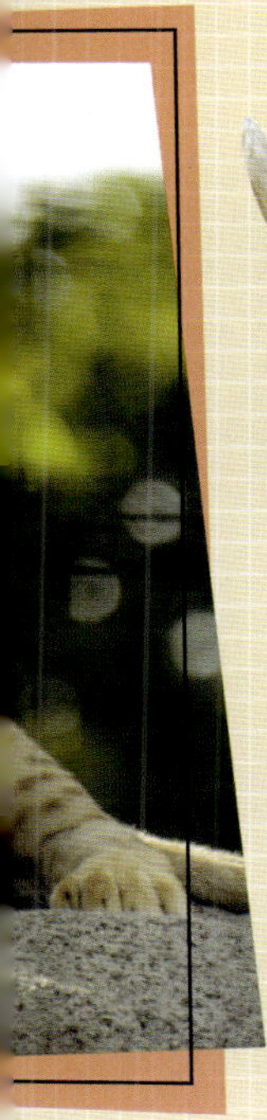

MUSÉE FRAGONARD D'ALFORT

2000 Tiere leben im Parc Zoologique de Paris.

180 verschiedene Arten, unter anderem 42 Säugetier- und 74 Vogelarten.

4 KM Wege schlängeln sich durch den neuen Zoo.

65

IN PARIS FING ALLES AN

Spielzeug, Impfstoffe, Filme und mehr – allerlei Erfindungen, Entdeckungen und wissenschaftliche Durchbrüche wurden in der Lichterstadt gemacht.

START

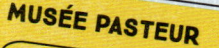

MUSÉE PASTEUR

DER GENIALE LOUIS
MUSÉE PASTEUR

Louis Pasteur hat durch die Haltbarmachung von Lebensmitteln (Pasteurisierung) und die Entwicklung von Impfstoffen dazu beigetragen, Millionen Menschen das Leben zu retten. In dem von diesem genialen Mann gegründeten Institut Pasteur erfährst du im gerade wegen Renovierung geschlossenen Museum alles über ihn. Aber natürlich wird hier im Institut auch noch ernsthaft wissenschaftlich geforscht.

GIPS WOHIN MAN SCHAUT
CITÉ DE L'ARCHITECTURE ET DU PATRIMOINE

Nach dem Großen Brand von London im Jahr 1666 hatte der französische König Angst vor einer ähnlichen Katastrophe in Paris, wo es zu dieser Zeit auch viele Holzhäuser gab. Er machte die Stadt „feuerfest", indem er darauf bestand, dass die Holzhäuser mit Gips verputzt wurden. Das ist ein weiches Mineral, von dem es in den Pariser Hügeln jede Menge gab. Kein Wunder, dass bald die Gipsindustrie boomte! Heute kann man in dem Architekturmuseum Gipsmodelle von alten Pariser Gebäuden, Säulen und Torbögen bewundern.

DURCH DIE PASTEURISIERUNG RETTETE LOUIS AUCH DIE FRANZÖSISCHE WEININDUSTRIE, DEREN WEIN NUN NICHT MEHR SAUER WURDE. FÜR DIE SEIDENINDUSTRIE FAND ER HERAUS, WIE MAN PARASITEN IN SEIDE VERNICHTET, OHNE DEN STOFF ZU BESCHÄDIGEN.

ERSTE WISSENSCHAFTLERIN

MUSÉE CURIE

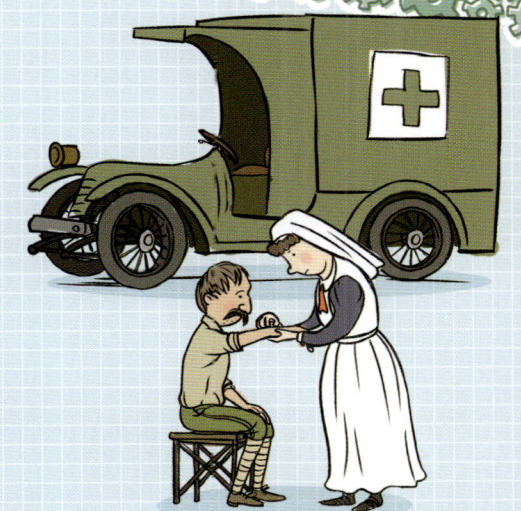

Eine der berühmtesten Wissenschaftlerinnen der Welt studierte in Paris und erhielt als erste Frau den Nobelpreis. Sie forschte im Bereich der Radioaktivität und der Röntgenstrahlen. Im Ersten Weltkrieg brachte sie persönlich ein tragbares Röntgengerät an die Front. Letztlich wurde Marie Curie dann Opfer ihres eigenen Werks: Sie starb 1934 an zu viel Strahlenbelastung.

Maries ehemaliges Haus ist jetzt ein Museum. Du kannst dir ihr Labor und ihr Büro anschauen, ihre Aufzeichnungen aber nicht. Selbst nach 100 Jahren sind die zum Lesen noch zu radioaktiv!

DER PARISER GEORGES MÉLIÈS DREHTE ÜBER 400 STUMMFILME. MIT NEUEN TECHNIKEN WIE ZEITLUPEN- UND ZEITRAFFERAUFNAHMEN SORGTE ER FÜR MAGISCHE EFFEKTE AUF DER LEINWAND. IN KOMISCHEN TRICKSZENEN WURDEN SOGAR KÖRPERTEILE SCHEINBAR ABGETRENNT!

SCHWEIGEN IST GOLD

FONDATION JÉRÔME SEYDOUX-PATHÉ

Bis zum Ersten Weltkrieg besaßen Charles und Émil Pathé die größte Filmfirma der Welt. Heute heißt sie Gaumont-Pathé. In einem brandneuen Gebäude wird die Geschichte von Pathé erzählt. Ein ganzes Stockwerk ist vollgestellt mit alten Kameras, Projektoren und anderen Filmgerätschaften. Ein kleines Kino zeigt alte Stummfilme mit Live-Klavierbegleitung.

DURSTIG?

ÖFFENTLICHE TRINKWASSERBRUNNEN

Nach der Belagerung von Paris 1870 fehlte es nicht nur an Lebensmitteln. Die Wasserleitungen waren stark beschädigt, Alkohol war billiger als Wasser! Der Engländer Richard Wallace eilte zu Hilfe und ließ über 100 öffentliche Trinkwasserbrunnen aufstellen. Die schön verzierten, grünen Brunnen aus Gusseisen spenden noch heute im Sommer Trinkwasser.

SEIT 2010 SPRUDELT IN EINEM PARISER PARK KÜHLES, PRICKELNDES WASSER AUS DEN TRINKWASSERBRUNNEN, UM DIE PARISER DAVON ZU ÜBERZEUGEN, DASS LEITUNGSWASSER GENAUSO GUT IST WIE DAS ZEUG IN PLASTIKFLASCHEN.

TAXI!

RUE SAINT-MARTIN

1640 hatte der Kutschenbauer Nicolas Sauvage die glorreiche Idee, Pferd und Kutsche stundenweise zu vermieten – so erfand er das allererste Taxi. 20 Jahre später fuhr eine ganze Kutschenflotte durch die Stadt – etwa so wie die heutigen Busse. Sauvage hatte seine Kutschen in der Rue Saint-Martin gegenüber der Kapelle Saint Fiacre stehen. Die Einheimischen nannten die Kutschen deshalb „Fiaker".

RUE SAINT-MARTIN

HIN UND HER

MUSÉE DES ARTS ET MÉTIERS

In dem Museum für wissenschaftliche Instrumente und Erfindungen kannst du jede Menge tolle Maschinen, Autos, Flugzeuge und andere neumodische Gerätschaften bewundern. Eines der berühmtesten Ausstellungsstücke ist das große Pendel, das Léon Foucault 1851 benutzte, um Napoleon III. zu beweisen, dass sich die Erde jeden Tag um die eigene Achse dreht. Das Pendel schwang seit 1855 an der Decke des Museums, fiel 2010 urplötzlich runter und zerschellte auf dem Fußboden. Glücklicherweise gibt's im Pariser Panthéon noch eine funktionsfähige Kopie.

MUSÉE DES ARTS ET MÉTIERS

8 000
AUSSTELLUNGSSTÜCKE GIBT'S IM MUSÉE DES ARTS ET MÉTIERS
4 000
DAVON KANNST DU DIR
ANGUCKEN

ETCH-A-SKETCH WAR DAS ERSTE SPIELZEUG, FÜR DAS IM FERNSEHEN GEWORBEN WURDE.

MARCHÉ AUX PUCES DE ST-OUEN

ÜBER 100 MILLIONEN
ETCH-A-SKETCH-
SPIELZEUGE VERKAUFT

ZAUBERTAFEL

MARCHÉ AUX PUCES DE ST-OUEN

Mit den beiden Drehknöpfen am Etch-A-Sketch kannst du ein Bild zeichnen, wenn du es schüttelst, verschwindet es wieder. Die in Paris von André Cassagnes erfundene Zaubertafel war in den 1960er-Jahren extrem beliebt. Etch-A-Sketch wird noch immer hergestellt, aber mit etwas Glück findest du dieses Spielzeug auch auf dem Marché aux Puces de St-Ouen, Europas wohl größtem Flohmarkt. Dort werden an 2 500 Ständen Antiquitäten und altes Spielzeug verkauft.

PARIS UND DIE KÜNSTLER

Künstler lieben Paris. Viele von ihnen ließen sich Ende des 19. Jahrhunderts hier nieder. Sie probierten viele verschiedene Techniken aus ... und versetzten Kunstkritikern und der Öffentlichkeit nicht selten einen Schock!

WUNDERVOLLE SEEROSEN

MUSÉE MARMOTTAN MONET

Claude Monet schwärmte für Seerosen. Sie wuchsen in seinem Garten, er lernte alles über sie und malte sie 250 Mal. Anfang des 20. Jahrhunderts fanden Kunstkritiker seine Gemälde chaotisch und machten seine abnehmende Sehkraft dafür verantwortlich. Erst ab den 1950er-Jahren begeisterten sich die Menschen für seine Werke. Im Monet-Museum befindet sich die weltweit größte Sammlung von Werken dieses Künstlers – natürlich sind auch ein paar Seerosen zu sehen.

START

MATISSE VERDIENTE ANFANGS NICHTS MIT SEINER KUNST. SEINE FRAU ARBEITETE ALS HUT-MODEL UND HIELT SO DIE FAMILIE ÜBER WASSER.

MUSÉE MARMOTTAN MONET

MATISSE, DAS BIEST

SALON D'AUTOMNE

1905 schockierte Henri Matisse die Besucher einer Ausstellung beim Salon d'Automne im Grand Palais mit dem Gemälde *Frau mit Hut*. Man war von der Verwendung der Farben entsetzt: ein grüner Streifen auf der Nase, gelbe, rosa- und orangefarbene Flecken auf den Wangen! Matisse und seine Kollegen, die auch so malten, wurden „les Fauves" (wilde Tiere) genannt. Aber der Fauvismus setzte sich durch und wurde die erste Kunstbewegung des 20. Jahrhunderts.

SALON D'AUTOMNE

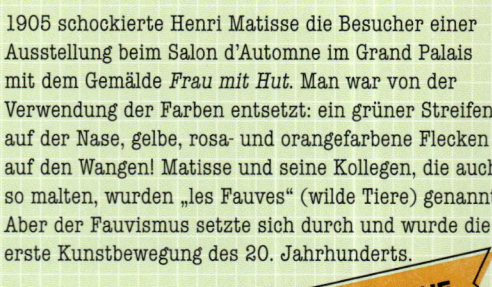

ZIMMER MIT AUSSICHT
BOULEVARD MONTMARTRE

Camille Pissarro malte hauptsächlich Landschaftsbilder. In den letzten zehn Jahren seines Lebens musste er wegen einer Augeninfektion aber in geschlossenen Räumen bleiben. Er bezog ein Zimmer im obersten Stockwerk eines Pariser Hotels und malte die darunter liegenden Straßen aus der Vogelperspektive. Zu Lebzeiten verkaufte Pissarro nicht viele seiner Werke. 2014 aber wurden für *Le Boulevard Montmartre, Matinée de Printemps* (Frühlingsmorgen), auf einer Auktion stolze 26,8 Mio. € geboten.

26,8 MIO. €

MUSÉE RODIN

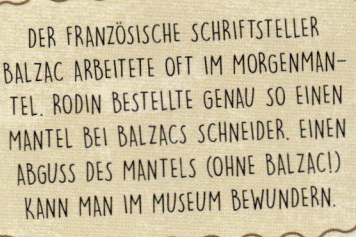

DER FRANZÖSISCHE SCHRIFTSTELLER BALZAC ARBEITETE OFT IM MORGENMANTEL. RODIN BESTELLTE GENAU SO EINEN MANTEL BEI BALZACS SCHNEIDER. EINEN ABGUSS DES MANTELS (OHNE BALZAC!) KANN MAN IM MUSEUM BEWUNDERN.

SKULPTUR-SCHOCK
MUSÉE RODIN

Auguste Rodin erhielt 1891 den Auftrag, eine Skulptur des Schriftstellers Honoré de Balzac anzufertigen. Er arbeitete sechs Jahre daran – den Abgabetermin verpasste er um viereinhalb Jahre! Als seine Auftraggeber das Werk sahen, waren sie entsetzt – es zeigte Balzac im Morgenmantel, mit zerzausten Haaren und tief liegenden Augen! Rodin hatte besonderen Wert auf die Geistesgröße des Schriftstellers gelegt und nicht so sehr auf sein Aussehen. Der Bildhauer nahm sein Werk zurück und sah es selbst nie als Bronzeguss. Heute steht eine Kopie im Garten des Rodin-Museums.

„Balzac im Morgenmantel"

KLEINE TÄNZERIN

OPÉRA DE PARIS

Edgar Degas holte sich seine Ideen hinter den Kulissen der Pariser Oper. 1881 sorgte seine Skulptur *Kleine Tänzerin* für Aufregung. Sein Modell war ein armes Mädchen, das Ballett lernte, um weiterzukommen. Er formte sie nicht aus Marmor, sondern aus Bienenwachs! Sie trug ein echtes Tutu und Ballettschuhe. Die Leute sagten, sie sähe aus wie ein Tier. Degas zog die Skulptur aus dem Verkehr. Nach seinem Tod wurden 150 Modelle von der Tänzerin gefunden. Heute ist sie wahrscheinlich die berühmteste Ballerina der Welt.

TOULOUSE-LAUTREC

starb mit nur 36 Jahren und schuf:

737 GEMÄLDE

275 AQUARELLE

5048 ZEICHNUNGEN

353 DRUCKE UND POSTER

DIE TÄNZERINNEN

MOULIN ROUGE

Henri de Toulouse-Lautrec ist für seine Poster vom Moulin Rouge berühmt. Seine Skizzier-Kunst perfektionierte er im Moulin Rouge, wo er sich von einer Tänzerin mit dem Spitznamen La Goulue (Die Gefräßige) inspirieren ließ. Als sie auf einem Jahrmarkt einen Stand eröffnete, bemalte Lautrec ihr zwei riesige Holztafeln, die heute im Musée d'Orsay hängen.

MOULIN ROUGE

DAHINSCHMELZEND

ESPACE DALI

Zerfließende Uhren gelten als Markenzeichen des spanischen Künstlers Salvador Dalí. Hier im Espace Dalí kannst du gleich mehrere Beispiele bewundern. Dalí und seine Uhren wurden 1931 durch sein Gemälde *Die Beständigkeit der Erinnerung* bekannt. Experten dachten, dass die schmelzenden Zeitmesser etwas mit Einsteins Relativitätstheorie zu tun hätten. Dalí behauptete aber, dass er dabei vielmehr an einen in der Sonne zerfließenden Camembert gedacht hätte!

MEHR ALS NUR EIN MODELL

MUSÉE DE MONTMARTRE

Suzanne Valadon wuchs in Montmartre auf und musste schon als Kind arbeiten, z. B. als Kindermädchen und Zirkusartistin. Nach einem Unfall begann sie, für Renoir und andere Modell zu stehen und beobachtete die Künstler bei der Arbeit. Und zwar so genau dass sie selbst Künstlerin wurde. Hier, in dem ältesten Gebäude in Montmartre, befand sich ihr Atelier. Heute kannst du dort Gemälde von Renoir, Toulouse-Lautrec – und von Valadon bewundern.

MUSÉE DE MONTMARTRE

ERST ARM, DANN BERÜHMT

MUSÉE PICASSO

Pablo Picasso (1881–1973) sagte einst: „Gebt mir ein Museum und ich fülle es". Genau das wurde im Picasso-Museum wahr. Hier gibt's auch Werke anderer Künstler, die Picasso besonders mochte, aber die meisten sind von ihm. Die Palette reicht von seinen ersten Gemälden, die er mit 14 schuf, bis hin zu seinen letzten im Alter von 90 Jahren.

FARBSPRITZER

Picasso war Spanier. Als er mit 19 Jahren nach Paris kam, konnte er kaum ein Wort Französisch. Er zog 1904 nach Montmartre und lebte in einer schmuddeligen Einzimmerwohnung. Er hatte kaum Möbel, überall waren Farbspritzer. Seine Freundin entdeckte in einer Schublade sogar eine Maus!

PICASSO WOHNTE IN EINEM GEBÄUDE NAMENS BATEAU-LAVOIR (WÄSCHEREIBOOT), DENN DAS HAUS KNARRTE UND WACKELTE IM WIND WIE EIN SOLCHES BOOT AUF DER SEINE. DIESES HAUS WAR EIN BELIEBTER KÜNSTLERTREFF.

TRAURIGES BLAU

In seinen ersten Jahren in Paris war Picasso wirklich arm. Er verkaufte kaum eine seiner Arbeiten, manchmal beheizte er sein Zimmer sogar damit. Nach dem Tod eines Freundes benutzte Picasso fast nur Blau für seine melancholischen Werke. Allmählich ging es ihm aber besser und er verkaufte einige Bilder. Nun begann die Rosa Periode!

MUSÉE PICASSO

AUGEN, NASE, MUND

Nachdem Picasso und sein Freund Georges Braque in einem Museum afrikanische Masken studiert hatten, begannen sie, mit ihrer Kunst zu experimentieren. Statt zu kopieren, was sie sahen, gaben sie ihren Gegenständen geometrische Formen, und die auch noch aus verschiedenen Winkeln gesehen. Picasso sagte: „Ein Kopf ist eine Sache aus Augen, Nase, Mund, die beliebig angeordnet werden können". Das war der Beginn des Kubismus.

„DREI MUSIKER"

NACKTE DAMEN

"LES DEMOISELLES D'AVIGNON" WAR PICASSOS ERSTES KUBISTI-SCHES GEMÄLDE. VIELE SIND DER MEINUNG, DASS ES SEIN BE-DEUTENDSTES WERK IST. DARAUF SIND FÜNF DAMEN ZU SEHEN – UNBEKLEIDET (OHJE)! PICASSO ARBEITETE SECHS MONATE DARAN. ALS SEINE FREUNDE DAS GEMÄLDE 1907 ZU GESICHT BEKAMEN, WAREN EINIGE VON DEM STIL UND DEM THEMA SO GESCHOCKT, DASS ER ERST 1916 DEN MUT FAND, ES ÖFFENTLICH ZU ZEIGEN.

Suche: FAKTEN ÜBER PABLO PICASSO

1147
Picassos sind als gestohlen oder unauffind-bar registriert. Seine Arbeiten haben die fragwürdige Ehre, häufiger als die anderer Künstler entwendet zu werden.

90
mal musste die amerikanische Schrift-stellerin Gertrude Stein Modell sitzen, bis Picasso ihr Porträt endlich fertig hatte.

ÜBER 5000
Picassos hängen im Picasso-Museum – und das in Paris ist nicht das einzige Picasso-Museum in Europa!

MALEN BIS ZUM LETZTEN TAG

Picasso malte nicht nur. Er zeichnete, stellte Skulpturen, Keramiken und Drucke her, entwarf Bühnenbilder und Kostüme. Auch arbeitete er in verschiedenen Stil-richtungen und Techniken, wenn er etwas Bestimmtes zum Ausdruck bringen wollte. Er war von Kunst besessen und das bis zu seinem Tod im hohen Alter von 91 Jahren.

RÄUBER & GENDARM

Die französischen Polizisten heißen „flics". Sie kommen in drei Varianten daher. Die in blauen Uniformen mit Goldknöpfen, Schutzhelmen und Schusswaffen jagen Räuber.

ALLES GEFÄLSCHT

MUSÉE DE LA CONTREFAÇON

Im Museum für Fälschungen gibt es fast alles – Spielzeuge, Parfüms, Medikamente, Autoteile, Kunstwerke und DVDs. Die Nachahmungen stehen direkt neben den echten Gegenständen. Die Besucher machen sich einen Spaß daraus zu raten, was echt ist und was nicht. Das Museum will eine Botschaft rüberbringen: gefälschte Barbies verlieren schnell ihre Haare, gefälschte Sonnenbrillen schützen die Augen nicht und gefälschte Medikamente ... Ok, sprechen wir lieber nicht darüber!

MUSÉE DE LA CONTREFAÇON

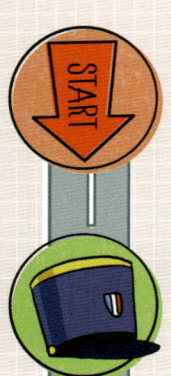

START

40 MIO.

GEFÄLSCHTE SCHWEIZER UHREN WERDEN JÄHRLICH HERGESTELLT

Das sind doppelt so viele wie offiziell in der Schweiz produziert werden.

WEG DAMIT

MUSÉE D'ART MODERNE DE LA VILLE DE PARIS

Im Mai 2010 schlug ein dreister Dieb ein Fenster ein und schlich sich ins Museum für Moderne Kunst. Die Wärter bemerkten den Eindringling nicht, die Alarmanlage ging nicht an und der Dieb konnte sich mit fünf unbezahlbaren Gemälden, die er aus den Rahmen herausgeschnitten hatte, aus dem Staub machen! Es war einer der größten Kunstraube überhaupt. Ein Verdächtiger, der gut ein Jahr später festgenommen wurde, sagte, dass er in Panik geraten sei, als seine Komplizen ins Gefängnis kamen, und dass er die Bilder deshalb in den Müll geschmissen habe!

MUSÉE D'ART MODERNE DE LA VILLE DE PARIS

FAULE SCHNÄPPCHEN

EIFFELTURM

Rund um den Eiffelturm locken Straßenhändler mit extrem günstigen Angeboten. Und als Tourist kann man beim Anblick der wie echte Louis-Vuitton-Handtaschen oder Gucci-Sonnenbrillen aussehenden Waren schon in Versuchung geraten. Aber Straßenhandel ist verboten – auch für die Kunden! Wer auf frischer Tat ertappt wird, muss eine Strafe zahlen, die viel höher ist als eine echte Vuitton-Handtasche kosten würde.

EIFFELTURM

MUSÉE DE LA PRÉFECTURE DE POLICE

VERBRECHERJAGD

MUSÉE DE LA PRÉFECTURE DE POLICE

In diesem ungewöhnlichen Polizeimuseum gibt's 2 000 teils jahrhundertealte Ausstellungsstücke. Zu sehen sind unter anderem eine in einer Blume versteckte Bombe, das Modell einer Guillotine (mit abgetrenntem Kopf!) und Totenmasken von Gefangenen. Anhand dieser Masken kann man sich die Gesichter der Verbrecher so richtig gut vorstellen. Irgendwie gruselig!

AB DURCH DIE WAND
PLACE MARCEL AYMÉ

Der französische Autor Marcel Aymé schrieb eine Kurzgeschichte über einen Mann, der eines Tages feststellte, dass er durch die Wand gehen kann. Er wurde zum Dieb und pinselte seinen Spitznamen Garou-Garou an den Tatorten an die Wand. Das Buch war ein Hit in Frankreich und wurde 1951 verfilmt. Zu seinem Gedenken steht an der Place Marcel Aymé eine Skulptur des Schriftstellers – er geht gerade durch die Wand!

PLACE MARCEL AYMÉ

LOUVRE

BEWEGTE GEMÄLDE
DER LOUVRE

Leonardo Da Vincis *Mona Lisa* ist vielleicht das berühmteste Gemälde der Welt. 1911 kannte es noch kaum jemand. In diesem Jahr ließ sich ein Arbeiter über Nacht im Louvre einschließen, löste das Gemälde aus dem Rahmen und steckte es unter seine Jacke. Nach einer großen internationalen Suche fand man das Bild schließlich 27 Monate später. Als das bekannt wurde, standen die Leute zum ersten Mal Schlange vor dem Louvre – *Mona Lisa* war nun ein allen vertrauter Name.

Suche: FAKTEN ÜBER DIE MONA LISA

7 MONATE
musste der Mona-Lisa-Dieb ins Gefängnis.

24 STUNDEN
dauerte es, bis jemand bemerkte, dass die Mona Lisa weg war.

60
Detektive waren im Einsatz.

1 MRD. €
ist die Mona Lisa laut ihrer Versicherungssumme ungefähr wert.

„Ich mag den Blick dieser Rabauken nicht."

RUE DE LA REYNIE

DIE ERSTE POLIZEI

RUE DE LA REYNIE

Diese Straße verdankt ihren Namen Gabriel Nicolas de la Reynie, der als erster Generalleutnant der Pariser Polizei 1667 die erste moderne Polizeitruppe schuf. Seinen Job hatte er 30 Jahre lang und stellte sicher, dass in den eleganteren Pariser Straßen keine Raubeine aus den falschen Stadtbezirken ihr Unwesen trieben.

DER FRANZÖSISCHE SHERLOCK HOLMES

KOMMISSAR MAIGRET

Der berühmteste Kommissar Frankreichs ist der Pfeife rauchende Maigret – die Hauptfigur in 75 Romanen von Georges Simenon. Viele der Geschichten spielen in Paris. Vielleicht war der echte Kriminalkommissar Marcel Guillaume Vorbild für Maigret. Er liebte die Maigret-Romane, fand aber ein paar Fehler darin. Deshalb zeigte er Simenon, wie Kommissare wirklich arbeiten. Die beiden Männer wurden dicke Freunde.

GEISTERHAFT UND GRAUSIG

Mach dich auf den einen oder anderen Schrecken gefasst. Diese Tour führt zu einigen der gespenstischsten Ecken von Paris.

BLUTRÜNSTIG
LE MANOIR DE PARIS

Willkommen in der garstigsten Pariser Attraktion! In diesem Spukgemäuer weihen dich echte Schauspieler in die dunklen Geheimnisse der Stadt ein – Gänsehaut ist garantiert! Du kannst zwischen mehreren Geschichten wählen, z. B. der von Philibert Aspairt, der in den Katakomben verschwand. Elf Jahre später fand man ein Skelett. Es trug einen Gürtel – mit Aspairts Schlüsselbund.

START

THÉÂTRE DU GRAND-GUIGNOL

HORRORSHOW
THÉÂTRE DU GRAND-GUIGNOL

Vergiss Horrorfilme! Schon 1897 wurde im Theater Grand-Guignol in Pigalle eine echte Live-Horrorshow geboten, mit Augen ausstechen, Gliedmaßen abhacken, Eingeweide rausreißen, Mord und Totschlag. All das geschah unter Einsatz von Rauch, Spiegeln und eimerweise Kunstblut. Mancher Zuschauer war überzeugt, dass alles echt war und rannte schreiend raus. Das Grand-Guignol schloss 1962; die Menschen hatten im Krieg genug Horror erlebt.

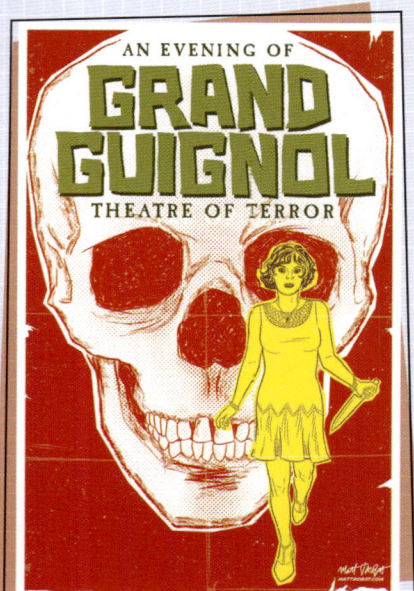

AN EVENING OF
GRAND GUIGNOL
THEATRE OF TERROR

GRAND-GUIGNOL BEDEUTET EIGENTLICH „GROSSES KASPERLE"!

LE MANOIR DE PARIS

DAS PHANTOM DER OPER
PALAIS GARNIER

Der glanzvolle Palais Garnier ist Original-schauplatz des Romans *Das Phantom der Oper* von Gaston Leroux. Er handelt von einem gespenstischen Mann, der unter der Oper wohnt. Warum der Autor daran Gefallen fand, ist leicht zu verstehen:

→ Die alte Oper wurde 1873 durch ein 24 Stunden loderndes Feuer zerstört.

→ Sie wurde durch eins der größten Opernhäuser der Welt ersetzt – der Palais Garnier. Hier gibt's unzählige versteckte Treppen, hallende Flure und gruselige Statuen.

→ Tief unten in den Fundamenten gibt es einen See, in dem ein Fisch leben soll!

→ 1896 kam ein Mensch ums Leben, als ein Kronleuchter von der Decke fiel.

→ Über dunkle unterirdische Gänge erreicht man die Kellergeschosse umliegender Häuser.

→ Auf seinem Sterbebett schwor Gaston Leroux, dass es den Geist aus seiner Geschichte wirklich geben würde!

PALAIS GARNIER

CIMETIÈRE DES INNOCENTS

INVASION DER KÖRPERFRESSER
CIMETIÈRE DES INNOCENTS

Im 16. Jahrhundert schlichen um Mitternacht auf diesem Friedhof keine Geister herum, son-dern Ärzte und Medizinstudenten! Sie trennten den Leichen Glieder, Köpfe und Beine ab und benutzten sie für ihre medizinischen Studien. Sie gingen ein großes Risiko ein, denn derartige Verbrechen wurden mit einem Jahr Gefängnis bestraft. Andreas Vesalius, einer der Diebe, nutzte das Wissen, das er sich auf dem Friedhof angeeignet hatte, um ein wegweisendes Buch über den menschlichen Körper zu schreiben.

1780 WURDE DER FRIEDHOF GESCHLOSSEN – ER WAR OFFIZELL VOLL! DIE LEICHEN WURDEN IN DIE KATAKOMBEN GEBRACHT UND GEWEBERESTE, DIE SICH NOCH NICHT GANZ ZERSETZT HATTEN, WURDEN ZU KERZEN UND SEIFE VERARBEITET!

WO BLEIBEN DIE BABYS?

EIN HEIM FÜR WAISENKINDER

Im 17. Jahrhundert standen die Überlebenschancen von ungewollten Babys fifty-fifty. Deshalb eröffnete der Priester Vincent de Paul für sie hier 1638 ein Waisenhaus. Das Aufnahmesystem war einfach: Die Mütter legten ihre Babys in eine Kiste am Krankenhaus, drehten an einem Rad und schon war das kleine Bündel in Sicherheit. Die Mütter konnten weglaufen und mussten keine Fragen befürchten!

DIE PEST

HÔTEL-DIEU

In Paris begann der Siegeszug der Pest im Mai 1348: Kopfschmerzen, Schüttelfrost, Fieber, Übelkeit und Gliederschmerzen waren die ersten Krankheitsanzeichen, dann bildeten sich am ganzen Körper Bläschen und nässende schwarze Furunkel. Dagegen gab es kein Heilmittel. Niemand wusste, wodurch die Pest verursacht wurde. Die Krankheit breitete sich rasend schnell aus. Und obwohl sich hier im ersten Krankenhaus der Stadt Nonnen um die Infizierten kümmerten, mussten doch jeden Tag viele Karren voller Leichen zum Friedhof in ein Massengrab gebracht werden.

Kopf-

HÔTEL-DIEU

MAN SCHÄTZT, DASS AUF DEM HÖHEPUNKT DER SEUCHE TÄGLICH 800 PARISER DARAN STARBEN. ENDE 1350 WAR EIN VIERTEL DER PARISER BEVÖLKERUNG AUSGELÖSCHT!

BABY IN EINER FLASCHE

MUSÉE DUPUYTREN

Skelette, Wachsmodelle von missgestalteten Körperteilen, kranke Organe und sogar ein in einem Gefäß konserviertes Baby sind nur einige der 6000 Stücke in diesem gruseligen Museum, das 1835 von einem Professor der Medizin gegründet wurde. Und das mittlerweile nur noch an besonderen Terminen besucht werden kann, weil es zur Universtität gehört und angehende Ärzte hier studieren.

RUE DES MARMOUSETS

MUSÉE DUPUYTREN

„Ich jaule so lange, bis ihr mich reinlasst."

FATALE RASUR

RUE DES MARMOUSETS

In dieser Straße verkaufte ein Bäcker einst die köstlichsten Pasteten. Das geheime Rezept dafür wurde erst enthüllt, als ein Hund draußen vor einem benachbarten Frisiersalon nicht aufhörte zu jaulen. Sein Herrchen, das sich dort rasieren lassen wollte, kam einfach nicht wieder heraus! Der Barbier hatte die Kehle seines Kunden durchgeschnitten und ihn durch eine Falltür runter zu einem Fleischer befördert. Das „frische Fleisch" verarbeitete dieser dann zur Füllung einer Pastete – igitt!

DER AUSVERKAUF DES FRIEDHOFS

Als der Friedhof Père Lachaise 1804 eröffnet wurde, wollte dort niemand begraben sein. Anfangs gab es nur 13 Gräber! Also ließen sich die Verwalter einen Werbegag einfallen. Sie brachten die Leichen von bereits verstorbenen Prominenten wie dem Dramatiker Molière und dem legendären Pariser Liebespaar Abaelard and Héloïse hierher und setzten sie erneut bei. Der Plan funktionierte. 1830 gab es 33 000 Gräber.

DIE STADT
DER TOTEN

CIMETIÈRE DU PÈRE LACHAISE

Ein Friedhof? Das klingt nicht so recht nach Highlight! Dieser ist eins – der meistbesuchte Friedhof der Welt. Er ist so riesig, dass es am Eingang sogar einen Lageplan gibt. Die „Straßen" sind von Bäumen und winzigen Gebäuden mit Eingangstüren gesäumt, hinter denen die Gräber liegen. Hier befinden sich die letzten Ruhestätten von Schauspielern, Komponisten, Malern, Schriftstellern und Sängern – viele waren zu ihren Lebzeiten echte Superstars.

DER IRISCHE SCHRIFTSTELLER UND DICHTER OSCAR WILDE IST HIER BEGRABEN. FRÜHER LEGTEN SEINE FANS FRISCHEN LIPPENSTIFT AUF, SPITZTEN DIE LIPPEN UND HINTERLIESSEN DEN ABDRUCK IHRER LIPPEN AUF DEM KALTEN GRABSTEIN. SEIT DAS GRAB VERGLAST WURDE, KÜSSEN DIE FANS DIE GLASSCHEIBEN!

DAS GRAB ALLER GRÄBER

Das meistbesuchte Grab ist wohl das des Rockmusikers Jim Morrison, der 1971 auf mysteriöse Weise im Alter von nur 27 Jahren im Bad eines Pariser Hotels ums Leben kam. Seine Fans kommen nach wie vor und hinterlassen Gedichte und Botschaften, Graffiti und Zigarettenkippen. Morrisons Tod gibt noch immer Rätsel auf. Eine Theorie besagt, dass das Grab leer ist – und er noch lebt.

FRIEDHOFS-GEISTER

AUF DIESEM FRIEDHOF SOLL ES MEHR ALS AN JEDEM ANDEREN ORT DER WELT SPUKEN. WENN DU DICH HIER NACH EINBRUCH DER DUNKELHEIT AUFHÄLTST, SIEHST DU MÖGLICHERWEISE EIGENARTIGE SCHATTEN UND DÜNNE GESTALTEN UMHERHUSCHEN. AUCH EIN GEHEIMNISVOLLER JIM MORRISON WURDE SCHON GESICHTET. UND VORSICHT: WENN DU ZU DICHT AN DAS GRAB DES POLITIKERS ADOLPHE THIERS KOMMST, KANN ES PASSIEREN, DASS ER DICH AM ÄRMEL ZUPFT ... OJE!

GRAB AUF DEM PARISER FRIEDHOF PÈRE LACHAISE

AN DIE WAND GESTELLT

1871 lieferten sich revolutionäre Pariser Sozialisten ein Gefecht mit Regierungstruppen. 147 dieser „Kommunarden" wurden an einer Mauer des Friedhofsgeländes erschossen. Um sie zu beerdigen hob man einfach vor der Mauer einen Graben aus und verscharrte die Leichen darin. Diese Mauer wurde als *Mauer der Kommune* bekannt, vor ihr finden jedes Jahr im Mai Kundgebungen statt.

Suche: FAKTEN ZUM FRIEDHOF PÈRE LACHAISE

44 HA (440 000 M²)
ist der Friedhof groß.

70 000
Gräber gibt es.

800 000
Menschen sind hier begraben.

2 MIO.
Besucher kommen jährlich auf den Friedhof.

MAGIE IN PARIS

Mit den vielen unter dem Motto „Magie" stehenden Cafés, Läden, Shows und mit einem der weltbesten Magier ist Paris wirklich eine magische Stadt.

START
ÜBERALL IN DER STADT

DIE TRICKS DER MAGIER
VOLKSFESTE UND JAHRMÄRKTE

Zaubervorführungen, wie wir sie heute kennen, gibt es seit Mitte des 18. Jahrhunderts. Davor zeigten Zauberkünstler ihr Können auf Volksfesten und Jahrmärkten rund um Paris. Sie trugen seltsame, an Hexenmeister erinnernde Gewänder. Magier der alten Schule liebten es, den Zuschauern weiszumachen, dass sie über besondere Kräfte verfügten. In Wirklichkeit zeigten sie nur jede Menge alte Tricks. Das änderte sich aber mit Robert Houdin

„Hey Papa, ich kann fliegen!"

HOUDINIS VORBILD
PALAIS ROYAL

Robert Houdin (1805–1871) trat stets mit Zylinder und Frack auf und schuf so die moderne Tracht der Zauberkünstler. Er war berühmt für seine außergewöhnlichen magischen Fähigkeiten, die viel zu gut waren, um einfach so auf der Straße gezeigt zu werden. Houdin trat bald schon in Theatern wie dem Palais Royal auf. Als gelernter Uhrmacher baute er seine fantastischen Apparate selbst, z. B. einen Orangenbaum, an dem vor den Augen der Zuschauer echte Apfelsinen wuchsen.

HARRY HOUDINI (1874–1926), DER BERÜHMTE AMERIKANISCHE ENTFESSELUNGSKÜNSTLER, GAB SICH DIESEN NAMEN, UM SO ROBERT HOUDIN ZU EHREN, DER SEIN VORBILD WAR.

PALAIS ROYAL

„Ich werde ewig leben!"

UNSTERBLICH
AUBERGE NICOLAS FLAMEL

Jeder Alchemist – also jeder „Chemiker" des Mittelalters – hatte zwei Ziele: den Stein der Weisen (der Metall in Gold verwandelt) und ein Lebenselixier (das, wenn man es trinkt, unsterblich macht) zu finden. Nicolas Flamel und seine Frau schafften im 14. Jahrhundert angeblich beides, aber niemand glaubte ihnen. Egal, ob wahr oder nicht, Nicolas lebt in der Literatur weiter. Seit dem 19. Jahrhundert taucht er in Romanen auf, z. B. in *Harry Potter und der Stein der Weisen*.

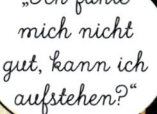

BOULEVARD
DES ITALIENS

SPRECHENDE KÖPFE
BOULEVARD DES ITALIENS

Bevor Georges Méliès zu einem Pionier der Filmgeschichte wurde, hat er sich als Magier rund 30 Zaubertricks ausgedacht. Bei seinem berühmtesten Trick legte Méliès den Kopf eines Mannes (ohne Körper) auf einen Tisch – der Kopf unterhielt sich weiter mit ihm! Méliès wurde von Robert Houdin inspiriert und kaufte schließlich dessen Theater am Boulevard des Italiens.

„Ok, kein Grund, den Kopf zu verlieren."

„Ich fühle mich nicht gut, kann ich aufstehen?"

„Das ist nicht witzig!"

LE DOUBLE FOND

MAGIE-GESCHICHTE

MUSÉE DE LA MAGIE

In diesem kleinen Museum treffen Geschichte und Magie aufeinander. Zu sehen sind alle möglichen Zauberrequisiten aus längst vergangenen Zeiten – optische Täuschungen, Trickspielkarten und -schnickschnack, Schubfächer mit doppeltem Boden, verzerrende Spiegel. Du kannst sogar einen Blick in die Kiste werfen, die benutzt wurde, wenn man nur die Hälfte einer Person sehen sollte! Einige der Stücke sind schon 200 Jahre alt. Zauberkünstler veranstalten Führungen und zeigen vielleicht sogar ein paar Tricks.

MAGISCHE MAHLZEITEN

LE DOUBLE FOND

Alle Kellner in diesem Zauber-Café sind Magier. Sie nehmen also nicht nur deine Bestellung entgegen, sie zeigen an jedem Tisch auch eine kleine Zauberei. Eine richtige Zaubervorführung gibt's im Untergeschoss. Dort sitzt man so dicht bei den Magiern, dass man fast erkennen kann, wie es funktioniert. In Paris gibt's jede Menge Zaubershows, eine sogar auf einem Lastkahn auf der Seine.

MUSÉE DE LA MAGIE

ANGELNDE KATZE

RUE DU CHAT QUI PÊCHE

Die schmalste Straße in Paris hat auch einen der merkwürdigsten Namen – Straße der angelnden Katze! Sie verdankt ihn der schwarzen Katze eines Alchemisten, deren Weg zur Seine – wo sie Fische angelte – durch diese Gasse führte. Studenten brachten sie um. Später soll sie aber wieder aufgetaucht sein und weitergeangelt haben. Schaurig, brrr!

AN EINER MAUER IN DER GASSE GIBT'S EIN BILD DER KATZE MIT EINER ANGELRUTE IN DER PFOTE.

MAYETTE MAGIE MODERNE

RUE DU CHAT QUI PÊCHE

OFFENE GEHEIMNISSE

MAYETTE MAGIE MODERNE

Außer in Las Vegas gibt es wohl nirgendwo so viele Geschäfte für Zaubererbedarf wie in Paris. Als weltweit eines der ersten öffnete Mayette Magie Moderne 1808 seine Pforten. Das Beste daran: Dieser Laden war der erste, in dem auch Normalos herausfinden konnten, wie das alles funktioniert. Und selbst wenn du den Trick nicht gleich verstehst – hier kannst du dir schon mal die Requisiten kaufen, um wenigstens so auszusehen als ob!

ZIEH EINE KARTE, EGAL WELCHE

RATTEN UND ANDERE HELDEN

Paris ist Schauplatz von vielen berühmten französischen Romanen, Filmen und Comic-Strips. Beliebte Locations in der Stadt sind z. B. Museen, Geschäfte und Kunstgalerien.

START

MUSÉUM D'HISTOIRE NATURELLE

LOUISE BOURGOIN   MATHIEU AMALRIC   GILLES LELLOUCHE   JEAN-PAUL ROUVE

LES AVENTURES EXTRAORDINAIRES D'Adèle BLANC-SEC

UN FILM DE LUC BESSON

D'APRES LES ALBUMS «LES AVENTURES EXTRAORDINAIRES D'ADELE BLANC-SEC» DE TARDI EDITIONS CASTERMAN

IM MUSEUM

MUSÉUM NATIONAL D'HISTOIRE NATURELLE

2010 schaffte die in den 1970er-Jahren entstandene Comicfigur Adèle Blanc-Sec den Sprung von der Zeitungsrubrik in einen Spielfilm. Adèle ist eine gradlinige junge Frau, die ihren Lebensunterhalt als Autorin bestreitet und in viele verrückte Abenteuer verwickelt wird. Der Film beginnt damit, dass im Muséum national d'histoire naturelle ein prähistorisches Ei aufbricht. Von dort geht es weiter zu den Pyramiden im Alten Ägypten.

JACQUES TARDI, ADÈLES SCHÖPFER, LIESS SEINE DARSTELLERIN 1914 STERBEN. 1918 ABER DURFTE SIE WIEDER AUFERSTEHEN. ER WAR DER MEINUNG, DASS SIE NICHT IN DEN ERSTEN WELTKRIEG PASSEN WÜRDE, DA FRAUEN NICHT KÄMPFEN DURFTEN.

ZWEITES ZUHAUSE
LE CAFÉ DES CHATS

LE CAFÉ DES CHATS

Am Ende des Disney-Films *Aristocats* vererbt eine reiche Dame ihr gesamtes Vermögen den Katzen von Paris. Den Bewohnern des Katzencafés würde diese Geschichte wohl gefallen. Früher streunten sie durch die Gegend, wurden dann aber von dem Café adoptiert. Hier kannst du etwas trinken, ein Stück Kuchen essen und die pelzigen Zeitgenossen kraulen.

CENTRE POMPIDOU

RATTE IM RESTAURANT
MAISON AUROUZE

Im Schaufenster dieses Kammerjägerladens hängen 21 tote Ratten mit dem Hals in Metallfallen. In alten Regalen und Schränken werden die neuesten Gifte und Fallen aufbewahrt. Der Laden tauchte in dem Animationsfilm *Ratatouille* auf, in dem die Ratte Remy hier lernen soll, wie Ratten von Menschen behandelt werden. Das hindert Remy aber nicht daran, Koch zu werden – obwohl die meisten Kunden des Maison Aurouze Restaurants sind.

MAISON AUROUZE

TIM IN EINER GALERIE
CENTRE POMPIDOU

Hergé, der Schöpfer von *Tim und Struppi*, war Belgier. Sein französisch sprechender Comic-Held – und dessen treuer Hund Struppi – sind seit über 70 Jahren in ganz Europa beliebt. 2008 wurde die Schwarz-Weiß-Abbildung einer Tintin-Illustration von *Der Fall Bienlein* als erster Comic als moderne Kunst anerkannt. Er ist jetzt im Centre Pompidou zu sehen.

KATHEDRALE NOTRE DAME

CATHÉDRALE DE NOTRE DAME

DER BUCKLIGE VON NOTRE DAME

Als Victor Hugo seinen zeitlosen Roman über einen Buckligen namens Quasimodo schrieb, hätte er sich niemals träumen lassen, dass diese Geschichte über 100 Jahre später mehrfach verfilmt werden würde. Die Disney-Animation von 1996, in der auch drei sprechende Wasserspeier vorkommen, erzählt nur einen Teil der Geschichte und hat ein Happy End. Das Buch (500 Seiten!!) hat keins.

QUASIMODO UND EIN WASSERSPEIER, FILM 1939

AUS 1999 AUFGETAUCHTEN SCHRIFTSTÜCKEN GEHT HERVOR, DASS HUGO VIELLEICHT VON EINEM BUCKLIGEN STEINMETZ MIT DEM SPITZNAMEN LE BOSSU (DER BUCKLIGE) INSPIRIERT WURDE, DER UM 1820 AN DER KATHEDRALE GEARBEITET HAT.

"Gut festhalten."

DIE IDEE EINES ROMANS

Die Geschichte spielt im Mittelalter an der Kathedrale Notre Dame. Quasimodo ist ein Buckliger, der abgeschieden von der Welt im Glockenturm lebt. Sein Gesicht ist entstellt, und vom Glockengeläut ist er taub. Die Zigeunerin Esmeralda ist nett zu ihm und er verliebt sich in sie. Als Esmeralda später zum Tode verurteilt wird, rettet Quasimodo ihr das Leben. Er schwingt sich an einem der Glockenseile vom Turm hinunter und bringt sie in Sicherheit.

AN HUGOS 80. GEBURTSTAG WURDE EINE STRASSE IN PARIS NACH IHM BENANNT. HEUTE GIBT ES IN FAST JEDER FRANZÖSISCHEN STADT EINE VICTOR-HUGO-STRASSE.

WER WAR HUGO?

Victor Hugo wurde 1302 geboren. Er ist in Frankreich berühmt als Dichter, Dramatiker und Autor vieler Romane – er schrieb jeden Vormittag 100 Zeilen Poesie und 20 Zeilen Prosa! Im Ausland wurde er bekannt durch seine beiden Romane *Der Glöckner von Notre Dame* und *Die Elenden* (der ebenfalls in Paris spielt). Hugo war einer der ersten Autoren, der Menschen aus allen Gesellschaftsschichten in seine Romane einbezog – von Königen bis hin zu Bauern.

DIE GLOCKEN, DIE GLOCKEN!

EINE KLEINE ABWECHSLUNG

2013 WURDEN ZUM 850. JAHRESTAG DER KATHE-DRALE NEUN NEUE GLOCKEN INSTALLIERT (DIE ALTEN KLANGEN SCHAUDERHAFT). ALS IM APRIL 2019 EIN BRAND IN DER KATHEDRALE WÜTETE, ÜBERSTANDEN BIS AUF DREI KLEINE EXEMPLARE ALLE GLOCKEN DER KATHEDRALE DIE KATASTROPHE UNBESCHADET.

DER WAHRE HELD

Der französische Titel des Romans ist *Notre Dame de Paris*, denn die Kathedrale, nicht der Bucklige, ist der eigentliche Held der Geschichte. Hugo wollte, dass die Menschen Notre Dames zerbröckelnde gotische Architektur würdigten, was ihm auch gelungen ist. Das Buch erschien 1831, die Restaurierung der Kathedrale begann 1844.

COMICS SHOPPEN

ALBUM

Bei Comic-Verkäufen steht Frankreich weltweit an dritter Stelle. Deshalb gibt's in Paris viele Comic-Läden. Einer der besten ist *Album* mit zwei Abteilungen – eine für französische und eine für internationale Comics. Die Leute sind bereit, viel Geld für Comic-Kunst hinzulegen. Zur ersten Comic-Strip-Auktion in Paris kamen 900 Fans und gaben sage und schreibe 3 889 500 € aus!

5000 COMICS
kamen 2019 in Frankreich neu auf den Markt.

DIAMANTENRAUB!

LES CATACOMBES

Die beiden Comic-Figuren Blake und Mortimer sind noch älter als Tim und Struppi. Diese Comic-Serie, die erstmals 1946 erschien, stammt von einem Belgier. Die beiden Hauptfiguren sind aber Engländer – ein Wissenschaftler und ein Mitglied des britischen Geheimdienstes M.I.5. In *Die Diamanten Affäre* sind die beiden auf einer Party in Paris, als das Gebäude durch eine Explosion erschüttert wird. Blake und Mortimer rennen in den Keller und denken, dass das Haus in die darunterliegenden Katakomben gestürzt sei. Aber in Wirklichkeit wurde das Halsband von Königin Marie Antoinette gestohlen. Schuld an der Explosion war eine Bombe!

LES CATACOMBES

ÜBERALL RÖMER

ARÈNES DE LUTÈCE

Die Comic-Serie *Asterix* spielt in Gallien und zwar in der Zeit, als die Römer dort das Sagen hatten. Asterix und sein Freund Obelix versuchen, den Römern mithilfe eines Zaubertranks, der übermenschliche Kräfte verleiht, Widerstand zu leisten. Das Amphitheater Arènes de Lutèce ist eine der wenigen römischen Stätten, die man in Paris – das damals Lutetia hieß – heute noch bewundern kann.

ARÈNES DE LUTÈCE

Suche: FAKTEN ZU ASTERIX

📍 **14**
Filme wurden nach *Asterix*-Büchern gedreht. Zehn davon sind Zeichentrickfilme.

📍 **107**
In so viele Sprachen wurde die Serie übersetzt.

📍 **5 MIO.**
zählte die erste Auflage von *Asterix und der Greif*, dem 39. Asterix-Titel, der 2021 veröffentlicht wurde.

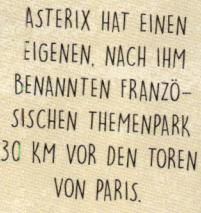

ASTERIX HAT EINEN EIGENEN, NACH IHM BENANNTEN FRANZÖSISCHEN THEMENPARK 30 KM VOR DEN TOREN VON PARIS.

TRAUMPARK

DISNEYLAND PARIS

Disneyland Paris ist eigentlich gar nicht in Paris, es ist 32 km weit weg. Disney wollte einen Themenpark weiter im Süden, wo es wärmer ist. Dann aber zeigte die Statistik, dass Paris für 370 Mio. Menschen leicht zu erreichen ist. Der Park wurde 1992 eröffnet. Trotz gelegentlichem Nieselregen kamen bis 2018 320 Mio. Besucher. Attraktionen sind unter anderem ein atemberaubend tolles Dornröschenschloss und eine nagelneue Themenwelt, in der man die Abenteuer der Marvel-Superhelden Avengers nacherleben kann.

DISNEYLAND PARIS

PARIS BEI NACHT

Die Philosophen, die im 18. Jahrhundert, dem Zeitalter der Aufklärung, in der Stadt lebten, gaben ihr den Spitznamen Lichterstadt. Und mit 300 angestrahlten Sehenswürdigkeiten sieht Paris nach Einbruch der Dunkelheit wahrhaft wie eine Lichterstadt aus.

START

FESTLICHE LICHTER

CHAMPS-ÉLYSÉES

Anfang Dezember wird die Weihnachtsbeleuchtung angeschaltet. Dann versammeln sich die Pariser, um zuzuschauen, wie zahlreiche der 588 Bäume, die die 1,9 km lange Avenue des Champs-Élysées säumen, plötzlich in hellem Licht erstrahlen. Ende Dezember wird die Straße für die Silvesterfeier gesperrt. Dann kommen Hunderttausende hierher, um das neue Jahr zu begrüßen. Auch 2019 wurde eine spektakuläre Lichtshow auf den Arc de Triomphe am Ende der Champs-Élysées projiziert – mit Countdown um Mitternacht.

CHAMPS-ÉLYSÉES

DIE KLEINE EDITH WAR NUR 142 CM GROSS. IHR EIGENTLICHER NACHNAME WAR GASSION, ABER LEPLÉE ÄNDERTE IHN IN PIAF – SLANG FÜR SPATZ.

DIE CHAMPS-ÉLYSÉES WAREN IM 17. JAHRHUNDERT TEIL VON BARON HAUSSMANNS NEUEM PLAN. HEUTE GIBT ES HIER EINIGE DER SCHICKSTEN GESCHÄFTE UND CAFÉS VON PARIS.

IM RAMPENLICHT

LE GERNY

Die Sängerin Edith Piaf wurde 1915 in Paris geboren – der Legende nach unter einer Straßenlaterne. Mit 14 arbeitete sie zusammen mit ihrem Vater als Straßenakrobatin, mit 15 fing sie an zu singen. Als Louis Leplée, der Besitzer des Nachtlokals Le Gerny, sie auf der Straße singen hörte, bot er ihr an, dort aufzutreten. Nach dem ersten Abend im Scheinwerferlicht kam Ediths Karriere in Schwung. Sie wurde schließlich zu Frankreichs beliebtester Sängerin und zum höchstbezahlten Star der Welt.

LE GERNY

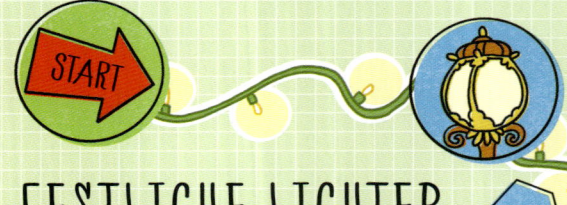

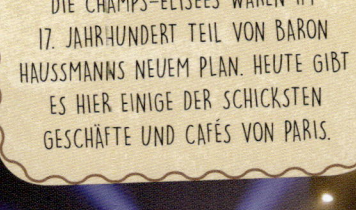

DER FUNKELNDE TURM

EIFFELTURM

Seit seiner Einweihung erstrahlt der Eiffelturm immer wieder in spektakulärem Licht. Anfangs wurde Gas für die Beleuchtung benutzt, elektrische Lichter bekam der Turm erstmals 1900. Von 1925 bis 1936 ließen 250 000 bunte Lichter am Turm die Buchstaben „C i t r o ë n" erstrahlen. 1937 befestigte der Architekt André Granet einen gigantischen Kronleuchter aus insgesamt 10 km bunten Leuchtstoffröhren unter dem Turm. 1978 verwandelten 30 000 Glühlampen den Turm in einen strahlenden Weihnachtsbaum.

EIFFELTURM

VOM ENDE DES ZWEITEN WELTKRIEGES BIS 1974 DIENTE DAS LICHTSIGNAL AUF DER TURMSPITZE ALS EINE ART LEUCHTTURM FÜR FLUGZEUGE.

TOUR MONTPARNASSE

HIMMELHOCH

TOUR MONTPARNASSE

Einer der schnellsten Aufzüge Europas bringt die Fahrgäste in Nullkommanichts auf den 210 m hohen Tour Montparnasse. Im 56. Stockwerk befindet sich das Restaurant *Le Ciel de Paris* (Der Himmel von Paris), dessen Gäste sich wie in den Wolken fühlen dürfen. Der Turm ist keine Schönheit, aber das ist OK, denn von innen sieht man ihn ja nicht. Der Blick auf die Stadt ist umwerfend – besonders bei Dunkelheit!

„Wow, die Lichter sind der pure Wahnsinn!"

LAMPTASTISCH

LUMIÈRE DE L'OEIL

Nachdem Monsieur Ara eine Öllampe restauriert hatte, war seine Leidenschaft für Lampen entflammt. 1976 eröffnete er einen winzigen Lampenladen. Einige der Lampen, die er über die Jahre gesammelt hat, sind jetzt in seinem Mini-Museum ausgestellt. Filmemacher bitten ihn oft um Rat, wenn es um Fragen der Beleuchtung geht.

56000
GASLATERNEN
GAB ES IN DEN 1860ER-
JAHREN IN PARIS

PETROLEUMLAMPE
VOM ENDE DES
19. JAHRHUNDERTS

MUSIK ZUR MITTSOMMERNACHT

FÊTE DE LA MUSIQUE

Am 21. Juni feiert Paris den längsten, hellsten Tag des Jahres mit einem traumhaft schönen Musik-Event. Nur in dieser Nacht ist es erlaubt, überall in der Stadt zu musizieren. Riesige Bühnen stehen auf öffentlichen Plätzen, kleinere Bühnen findest du in Parks, Straßen und auf kleineren Plätzen überall in der Stadt. Jeder kann teilnehmen. Und manch ein Musiker spielt auf einem Balkon oder am offenen Fenster für die Passanten auf der Straße.

1500
KONZERTE
GAB ES 2022
AUF DER FÊTE
DE LA MUSIQUE

40
JAHRE
ALT IST DAS
FESTIVAL IM
JUNI 022
GEWORDEN

BALLON-SKULPTUR „MINI BURBLE"

ÜBERALL IN DER STADT

MARCHÉ AUX PUCES DE SAINT-OUEN

MONDSCHEINARBEIT
MARCHÉ AUX PUCES DE SAINT-OUEN

Ende des 19. Jahrhunderts zogen Lumpensammler durch die Straßen und suchten in Mülltonnen nach Sachen, die sie verkaufen könnten. Da sie nachts im Mondschein arbeiteten, wurden sie „Mondfischer" genannt. Aus den Märkten, auf denen sie ihren Kram anboten, wurde der Marché aux Puces de Saint-Ouen. Er ist heute einer der größten Flohmärkte der Welt!

SCHLAFLOS IN PARIS
NUIT BLANCHE

Die Menschen bleiben die ganze Nacht auf, um das Fest Nuit Blanche (Weiße Nacht) im Oktober zu genießen. Es ist zurückzuführen auf die Weißen Nächte in St. Petersburg, wo es im Sommer kaum dunkel wird. In Paris wird es natürlich dunkel, doch halten Kulturevents wie die Installation *Mini-Burble* der Kunstgruppe Umbrellium (2014) am Hôtel de Ville die Stadt wach.

REGISTER

REGISTER